Für meine Söhne
Und meine Brüder
Und auch für meine Vorväter

Auf den Spuren meiner Väter

Verlag Paul Parey · Hamburg und Berlin

Rien Poortvliet
Auf den Spuren meiner Väter

Die Ferien bei Onkel Dirk auf der Insel Flakkee haben schon einen gewaltigen Eindruck auf mich gemacht.

Es war im Sommer 1944, also vor gut 40 Jahren, aber noch immer – und sonderbarerweise, je älter ich werde, desto häufiger – sehe ich manche Bilder von damals gestochen scharf vor mir...

← Den Bauernhof von Onkel Dirk und die beiden Brücken über das Flüßchen Boezem, in dem es von Stichlingen nur so wimmelte.

Die breite Brücke war mir für das Bimmelbähnchen da, das alle zwei Stunden vorbeiratterte.

Wenn der Heizer mich angeln sah, schmiß er manchmal ein Stück Brikett dicht vor mir ins Wasser.

Für Leute mit einem Fahrrad, also für alle Inselbewohner, war die schmale Brücke recht unbequem.
Egal an welcher Seite man das Rad schob: es nützte nichts, entweder wurde man durch das meist schwer beladene *) Fahrrad fast aus dem Gleichgewicht gebracht, oder man schürfte sich die Fingerknöchel am Geländer auf. Niemand hatte den Mut, über die Brücke zu fahren.

*) Die Inselbewohner haben immer einen Jutesack bei sich für den Fall, daß man irgendwo zufällig ein Häufchen Kartoffeln oder Zwiebeln liegen sieht

RRRRRRRRRR

Wenn ich aus meiner Schlafkammer (oben rechts) hinausguckte –
links:
unbekümmert fröhlich, abenteuerlich, mit laut aufheulender Dampfpfeife!
rechts: ernst, bedächtig, zögernd...
mußte ich immer an das Bild vom breiten und vom schmalen Weg denken.

Auch die Geräusche habe ich noch ganz deutlich in meiner Erinnerung.
Das Vorbeisurren eines Maikäfers, wie wir nach unserem Abendschwätzchen auf dem Kai nach Hause spazierten, und wie ungern ich dort anlangte, wegen des häßlich knirschenden Geräuschs unserer Schritte auf dem Kies.

Hinter dem hellen Fenster, wo Tante Marie mit Flickarbeiten beschäftigt war, bekam ich noch eine Tasse Kakao, und dann ab ins Bett.

Und wenn ich dann oben vor dem offenen Fenster stand und in die dunkle Nacht hinausguckte, war außer dem Ticken der Uhr meines Vaters hinter mir und ganz selten dem Geplätscher eines Fischs vor mir im Boezem absolut
NICHTS
zu hören! Es war herrlich! Und weit aus dem Fenster gebeugt atmete ich tief die herrlichen Düfte von Heu und Zwiebeln ein. Oh, wie liebte ich dann dieses Flakkee!!

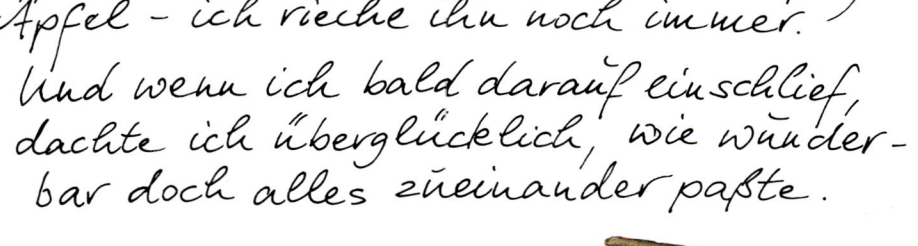

Und als ob das malerische Landleben allein noch nicht spannend genug wäre, standen auf einem Regal auf dem Dachboden auch noch drei Bände von Dik Trom! Den muffigen Geruch der alten Bücher, vermischt mit dem Duft getrockneter Äpfel – ich rieche ihn noch immer.

Und wenn ich bald darauf einschlief, dachte ich überglücklich, wie wunderbar doch alles zueinander paßte.

Zu wissen, daß ich die Nacht mit den beiden Pferden unter ein und demselben Dach verbringen dürfte, schenkte mir immer wieder ein gutes Gefühl der Geborgenheit.

↓

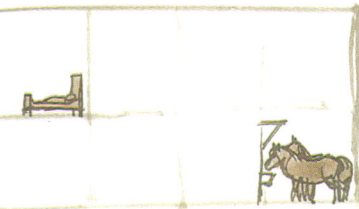

Ich war ein großer Bewunderer der gutmütigen Kolosse!

Und noch immer bewundere ich
die schweren Zeeländischen Pferde und Belgier.

Ich mag diese Pferdeleiber.

Das Kreuzen der Hufe beim Wenden geschieht mit einer Anmut, die man nicht erwartet hätte.

Daß es damals viele Pferde auf der Insel gab, war allenthalben deutlich zu sehen!
Und während die Jungen heutzutage warten müssen, bis Schnee gefallen ist, um sich mit Bällen zu bewerfen, brauchte man hier nicht nach Munition zu suchen.

Die Spatzenschwärme, die sich um die Pferdehaufen tummelten, waren vogelfrei wegen des Schadens, den sie im Korn anrichteten. Fast jeder Junge hatte deshalb eine

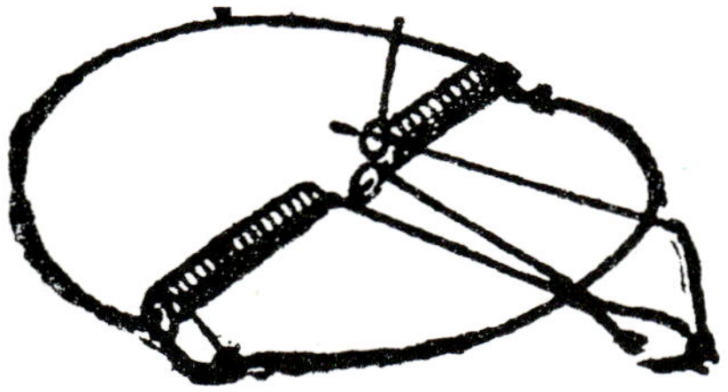

Nr. 2119. Sperlingsfalle aus feinem Kupferdraht mit starker Feder

Preis 3 Cent.

Die Falle wurde zwischen den Pferde-äpfeln aufgestellt und – patsch!
Die Prämie betrug 2 Cent pro Spatz, 1 Cent pro Ei.

Besonders spannend
würden die Ferien bei Onkel Dirk
dadurch, daß er auf einer Insel wohnte.
Man konnte nicht einfach mal
schnell hinfahren, nein, es war eine
richtige Reise. Zuerst von Rotterdam mit
der Dampflok nach Hellevoetsluis, von dort mit
dem Dampfboot zum Hafen von Middelharnis, wo schon
das Bähnchen wartete, das mich am Bauernhof von
Onkel Dirk vorbei nach Ouddorp brachte.

Die Insel Goeree Flakkee

Alles, was man dort sah, von den großen Kirchen bis zur Muskatnußreibe – war zu Schiff herübergebracht worden. Unglaublich!

Als ich damals dort zu Gast war, hätte ich natürlich daran denken können, daß mein Vater damals als Junge gleichfalls seine Ferien bei Onkel Dirk verbracht hatte.
Aber entweder war ich zu sehr damit beschäftigt, die vielen Eindrücke zu verarbeiten, oder aber ist der Rückblick auf die vorhergehende Generation zu schwer für ein Kind...
Jetzt könnten wir uns herrlich darüber unterhalten, aber es ist zu spät, denn mein Vater lebt nicht mehr.

Mein Opa
MARINUS POORTVLIET
1878-1938

Auch mit meinem Großvater hätte ich herrlich über Flakkee plaudern können, doch er starb, als ich 5 Jahre alt war.

Es muß um 1900 gewesen sein, als mein Opa die Insel Flakkee verließ, um in Rotterdam sein Heil zu suchen.
Hier steht er neben seinem Vater, dem alten Sakries, vor dem Hotel Meyer in Middelharnis. Gleich wird Marinus Abschied nehmen und an Bord des Schiffes in Middelharnis gehen, und dann sind die Würfel gefallen.

Es ist auch möglich, daß mein Opa nicht in Middelharnis, sondern in Dirksland an Bord eines Binnenschiffers ging.
Hier sehen Sie Marinus zwischen Vater und Mutter den Kai entlanggehen. Sie kommen aus der Deichstraße, wo die Familie wohnt.

Doch eigentlich ist es gar nicht wichtig, ob mein Opa sich nun in Middelharnis oder in Dirksland einschiffte – er hat jedenfalls um die Jahrhundertwende die Insel Goeree Flakkee verlassen. Und das war ein großer Schritt!

Das Schiff ist außer Sicht, Krijna und Sakries sind wieder zu Hause – und der Alltag geht weiter. Und während Dirksland friedlich wie immer daliegt...

sucht der junge Auswanderer durch die schmutzigen und lauten Straßen den Weg zu seiner Kammer.

Am Ende des Tages ist er angelangt, wo er hin wollte. Und da steht er jetzt, ein Bauernjunge, irgendwo in einer Hinterkammer im dritten Stock. Er will sich bemühen, ordentlich Niederländisch sprechen zu lernen — zu oft haben die Leute geschmunzelt, als er sie nach dem Weg fragte.
Und wenn er vor dem Schlafengehen aus dem Fenster schaut, ist kein Schnee mehr zu sehen …

Während die Nacht über das hübsch verschneite Dirksland fällt.

Vielleicht denken Sie jetzt: wieso kommt der eigentlich auf Schnee? Es stimmt, ich weiß nicht einmal, in welchem Jahr mein Opa fortging, geschweige denn, zu welcher Jahreszeit. Aber das Bild „Abschied am Kai" habe ich nunmal als Schneelandschaft gezeichnet, also muß ich wohl so weitermachen.

Außerdem fällt einem das Verlassen des Elternhauses
an einem fröhlichen Sommertag sehr viel leichter, glaube ich –

als im Winter, wenn die Felder weit und breit
verlassen sind und die Menschen ihr Zuhause genießen:
bei rotglühendem Ofen, Rosenkohl und früh angezündeter Petroleumlampe.

Übrigens, was halten Sie von einem solchen schwermütigen Regentag?

Und dann sozusagen in die weite Welt hinaus!

Während die Menschen zu Hause sich noch eine Tasse Kaffee zu Gemüte führen.

Ist ja schrecklich...

Hellwach liegt Marinus im fremden Bett und läßt die Bilder im Dunkeln an sich vorbeiziehen.

Die Deichstraße in Dirksland, in der er aufgewachsen ist.

Er sollte für die Nachbarin etwas besorgen, die schon Ausschau hält, wo Marien bleibt.

Vielleicht mußte er ewig lang warten, weil vor ihm ein paar Frauen ausführlich das Neueste im Dorf besprachen...

… etwa, daß es jemand in der Vorderstraße offenbar nicht besonders gut ging, denn vor dem Haus war gestreut! (Wenn jemand schwerkrank war, schüttete man Stroh vors Haus, um den Lärm der Pferdewagen zu dämpfen.)
Vielleicht hatte er auch nur zu lange beim Hufschmied in der Vorderstraße zugeschaut…

...wo immer etwas los war

außer am Tag des Herrn, wenn alle zur Kirche gingen.

Von nah und fern strebten die schwarzen Gestalten dem Gotteshaus zu.

Manche sogar von ziemlich weit...
(Bei schlechtem Wetter setzten die Frauen ihre Hauben erst auf, wenn sie bei der Familie im Dorf angelangt waren).

Wer am Sonntag nicht in der
Kirche saß: der kleine Kuhhirte.

An allen Tagen der Woche
hütete er die Kühe des Bauern
auf den Deichen.
Egal, wie das Wetter war.

Vor halb fünf aufstehen...

...und dann mit Brotbeutel und Wasserkrug sich auf den Weg zum Bauern machen. Abends um sechs Uhr ist er wieder zu Hause.

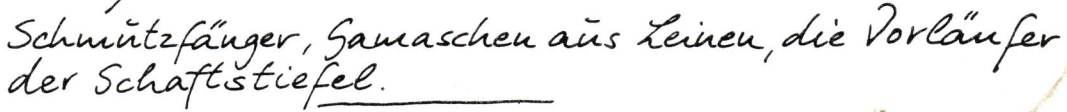

Wie ein erwachsener Arbeiter, doch oft kaum älter als neun oder zehn Jahre...

↗ Schmutzfänger, Gamaschen aus Leinen, die Vorläufer der Schaftstiefel.

Die Tage waren entsetzlich lang, und das Kerlchen langweilte sich fast zu Tode.
Und wenn mal jemand vorbeikam, fragte er todsicher, wie spät es sei.

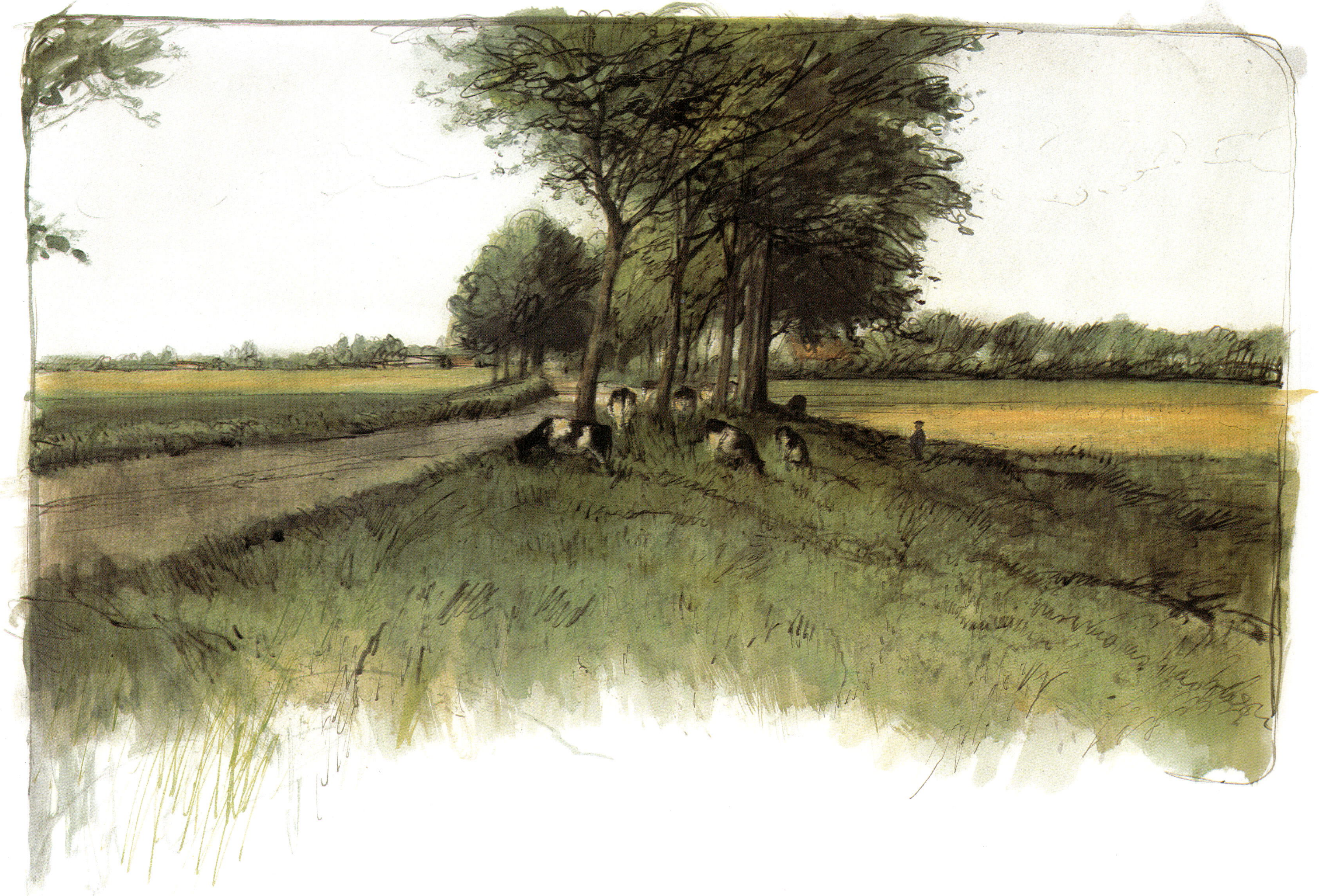

Das war harte Arbeit für so einen Buben. Wenn im Sommer die Gräben ausgetrocknet waren, wollten die Kühe immer auf die bebauten Äcker, und dann halte sie mal einer zurück — Wenn er dann endlich mit der Herde heim durfte, konnte er das Pech haben, daß Wind und Regen ihnen entgegenwehten. Und weil die Viecher sich immer mit dem Hintern zum Regen stellen, konnte er sie nur mit Mühe und Not nach Hause treiben —

In Ouddorp wurden alle Kühe des Dorfes
in den Dünen gehütet.
Wenn sie abends heimkamen, mußten Scheunentüren und Gartentore halsüberkopf geschlossen werden, denn die Tiere waren in den kargen Dünen nicht eben verwöhnt worden! „Die Kühe kommen!" war so ähnlich wie „Die Philister über dir!"

Es ist so, wie meine
Kusine Neeltje sagt:
Die Bevölkerung von Flakkee
ist wegen ihres Fleißes bekannt, -
aber man würde auch von Kindes-
beinen an dazu angehalten!

Die Kinder mußten tüchtig mithelfen – in den meist großen Familien hatten die Mädchen als „Hilfsmütter" alle Hände voll zu tun.

Es sind Fälle bekannt, in denen junge Mädchen nach dem Tod der Mutter den Haushalt übernahmen –

– und eine ganze Reihe von Brüderchen und Schwesterchen tipptopp großzogen, während der Vater nur ab und zu von der See nach Hause kam.

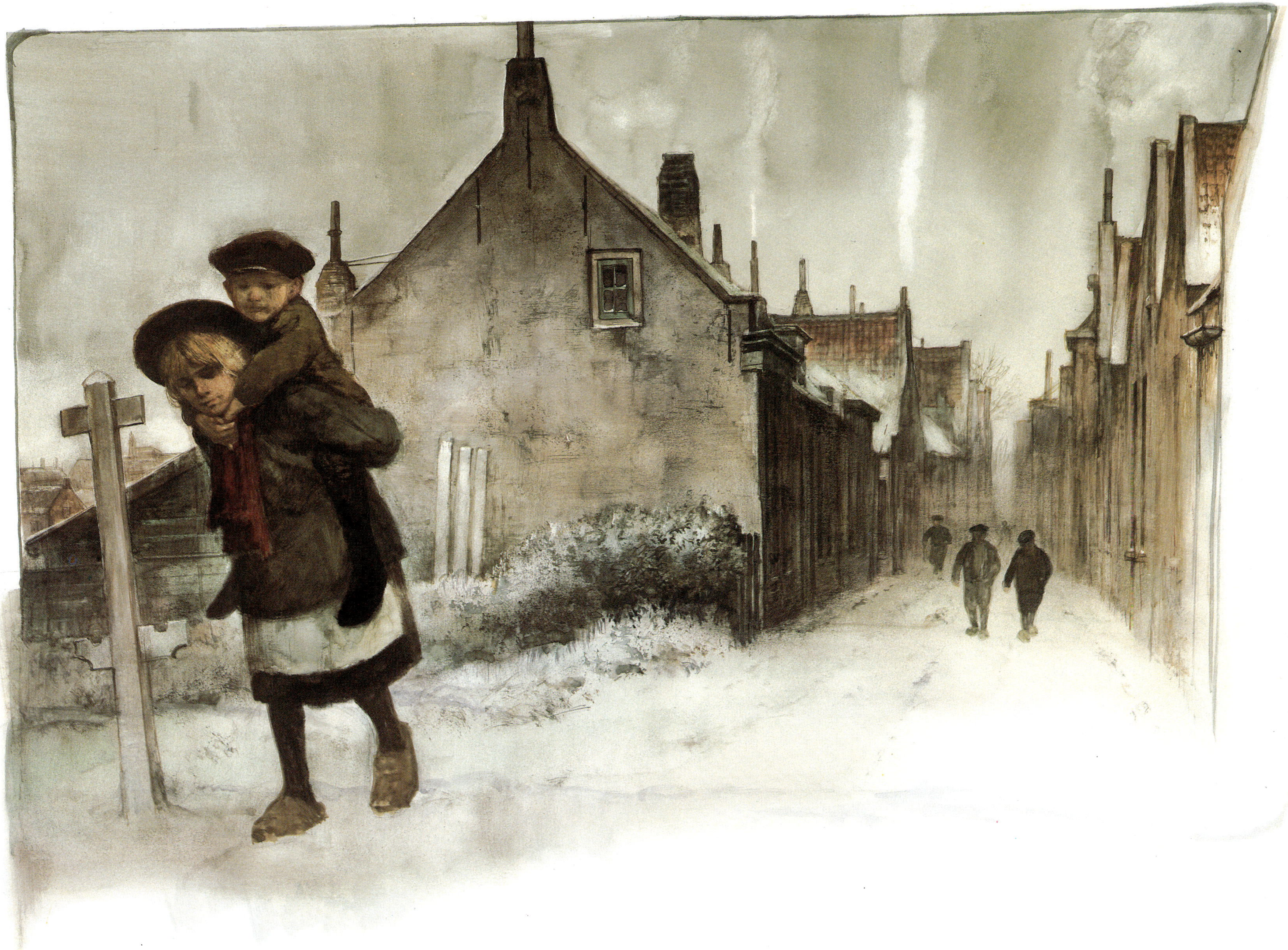

Es war schlicht ein Gesetz:
die Hände mußten sich
rühren.
Jeden Tag dasselbe, wenn man
aus der Schule nach Hause
gekommen war: zuerst
20 Reihen am Strumpf stricken.
(Alle trugen selbstgestrickte
Strümpfe). Mütter, die es sich
leisten konnten, steckten ab und
zu eine Kupfermünze in den
Knäuel.
Nach den vorgeschriebenen
20 Reihen durfte man
draußen spielen.

Das Blaue Haus wurde 1659 gebaut. Keesje Bok – da steht er neben seiner Schwester – ist hier geboren.

Er erinnert sich noch gut, wie es in seiner Kinderzeit zuging. Der Vater von Kees hatte auf der Wattfläche von Grevelingen eine Lachsfalle, einen Hamen aus Birkenzweigen oder Reisig

LAND
WASSER
300 M
500 M.
HAMEN

Zweimal pro Tag mußte die Reuse inspiziert werden, d.h., es mußte nachgesehen werden, ob nach dem Ablaufen der Flut ein Lachs im tiefer gelegenen Tümpel innerhalb des Hamens zurückgeblieben war. Wenn nur wenige Möwen darüber kreisten (das konnte man schon vom Deich aus sehen), war das ein gutes Zeichen.

50

Bei Tageslicht wurde einer allein mit der Sache fertig, aber nachts war das schwieriger. Dann setzte Vater Bok manchmal sein Keesje vor sich aufs Rad. „Wer eine Laterne festhalten kann, kann auch mitkommen!" Er mußte dem Vater leuchten, wenn er versuchte, den Lachs mit dem Kescher zu fangen.
Es passierte oft, daß Kees dabei einnickte. Einmal schlief er sogar richtig ein und fiel um – Laterne aus, Zündhölzer naß...

Das Einfangen des Lachses mit dem Kescher mußte gleich auf Anhieb klappen, ein zweites Mal ließ der Lachs sich nicht so leicht erwischen. Dann half nur noch das umständliche Getue mit dem Schleppnetz.

Wenn der Lachs gefangen war, brägte er mit einem eigens dazu bestimmten Holzscheit einen Schlag auf die Nase. Ein Lachs pro Flut war gar nicht übel. Ein Winterlachs wog zwischen 20 und 30 Pfund.

Zuhause durfte Kees wieder in die Federn kriechen. Vater packte den Lachs dick in Stroh ein (Eis gab es nicht), legte ihn in einen besonderen Korb und brachte ihn schleunigst zu Breen, der mit seiner Kutsche Reisende zum Schiff nach Stellendam fuhr.

Der Fisch mußte so schnell wie möglich nach Rotterdam.

Auf dem Rad nach Hause. Vorn Kees, hinten der Lachs, die Gummistiefel und ein Eimer Heringe en passant aus einer anderen Reuse mitgenommen.

52

Mit dem Eimer voll Heringe auf einem Schubkarren gingen Kees und seine Schwester hausieren.
10 Heringe für 10 Cent. Es war eine Heidenarbeit, die Fische zu verkaufen. Der eine hatte erst vor kurzem Heringe gegessen, der andere hatte grade den Petroleumkocher saubergemacht...
Aber das war es nicht; die Leute hatten einfach kein Geld.

An den Tagen, an denen Breen keine Kundschaft hatte und nicht mit der Kutsche fuhr, müßte Vater Bok den Lachs selber nach Stellendam bringen.

Und solange er noch nicht genug Geld hatte, sich ein Fahrrad zu kaufen, müßte er zu Fuß gehen.

Dann wartete die Mutter schon mit dem Brotbeutel auf ihn, damit er sich gleich auf den Weg machen konnte.

Den ganzen Herbst hindurch suchte Keesje Bok die Landstraßen nach Zichorienwurzeln ab, die von den Wagen gefallen waren. (Aus den Wurzeln, die wie Chicoree aussehen, wurde Ersatzkaffee hergestellt).

Obwohl meist ein Kleinknecht hinter dem Wagen herging und aufhob, was herunterfiel, fand man hie und da noch eine Wurzel.

Zuhause legte Kees die aufgelesenen Wurzeln in Sand und brachte sie am Ende der Saison zur Fabrik.

Nach etwa 20 Wochen Suchen hat er es einmal auf den stolzen Betrag von 6.25 Gulden gebracht!

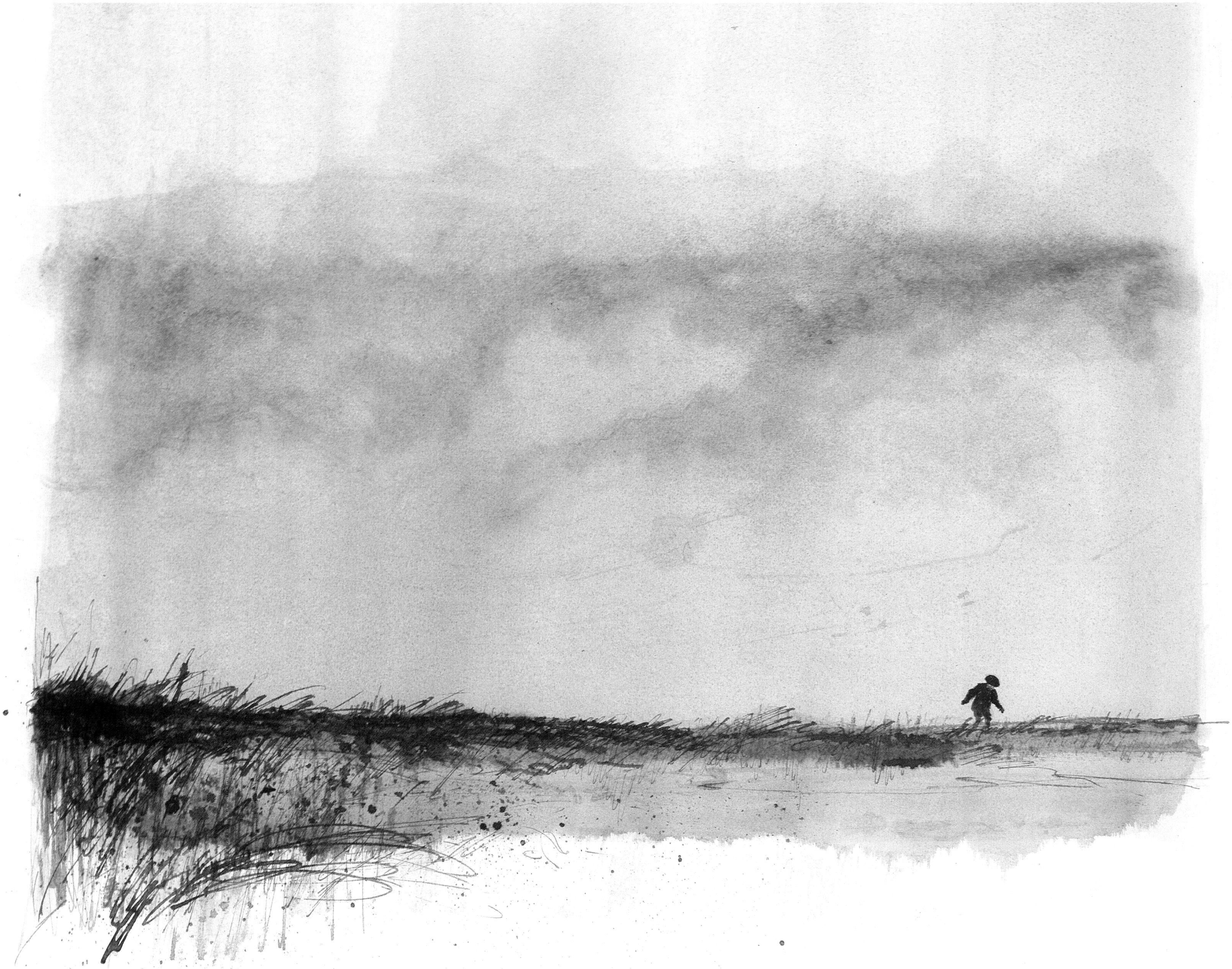

Mein Cousin Jan weiß noch genau, wie er sich als Kind weinend abplagte, den schweren Pflug zu wenden, und weit und breit niemand, der ihm helfen konnte.

Als meine Kusine Neeltje aus der Schule kam, erlaubte ihr der Vater zu wählen: Entweder sie ging in Stellung, oder sie mußte 8 Kühe versorgen.

So hatten die drei Schwestern (17, 15 und 12 Jahre alt) die Herrschaft über 24 Kühe.

Das hieß: melken, füttern, Rüben mahlen, ausmisten, buttern, die Milch im Dorf verkaufen...

Und wenn die 6 Pferde auf dem Acker waren, auch deren Ställe ausmisten.

Da müßte man sich die Ärmel hochkrempeln.

Und beim Geschirrspülen wurde gesungen. Dabei lernte man gleich den Psalmvers für Montagmorgen.

Wenn man an Winterabenden im warmen Zimmer saß und las, konnte man zugleich ein hübsches Stück stricken.

„Pferdezähne und Frauenhände dürfen niemals stillstehen", sagte man damals.

Es gab auch viele Kinder, die vor lauter Armut kaum lesen und schreiben konnten – so oft hatten sie die Schule schwänzen und auf den Feldern arbeiten müssen.

Morgens um halb fünf waren die Jungen schon auf den Deichen unterwegs zum Bauern. Oft dauerte der Fußmarsch eine Stunde. Dann mußten sie zuerst die Pferde von der Weide holen, damit die Knechte, wenn sie kamen, gleich an die Arbeit konnten.

Es waren schon sehr billige Arbeitskräfte, diese kleinen zwölfjährigen Knechte!

Abends auf dem Heimweg schnitt dann so ein Kerlchen rasch noch einen Sack Gras für seine Karnickel (die er nicht nur zum Zeitvertreib hielt).

Manchmal geschah es auch, daß der Junge nicht nur müde, sondern auch klitschnaß vom Regen nach Hause kam – dann durfte er sich neben den Vater setzen, der auch gerade von der Arbeit gekommen war, und zuschauen, wie die Kleider vor dem Ofen dampften – andere Kleider hatten sie nicht.

Auch auf den Fischerbooten arbeiteten
viele Jungen, und es machte natürlich
Spaß, sonntags zwischen den Gottesdiensten
den Freunden zu zeigen, auf welchem
Schiff man fuhr.

Weniger lustig war es
früh am nächsten Morgen.

Das waren schwere Tage auf See.
Und es dauerte endlos,
bis eine Woche um war
und die Schiffe wieder im Hafen lagen.

Nr. 1770 **Zug,** Lokomotive mit stabilem Uhrwerk, Tender und 2 Personenwagen auf Schienenkreis, 55 cm lang. Spurweite 35 mm, mit Bremsvorrichtung. Preis **fl. 1.80**

Prima Qualität — **Neueste Modelle**

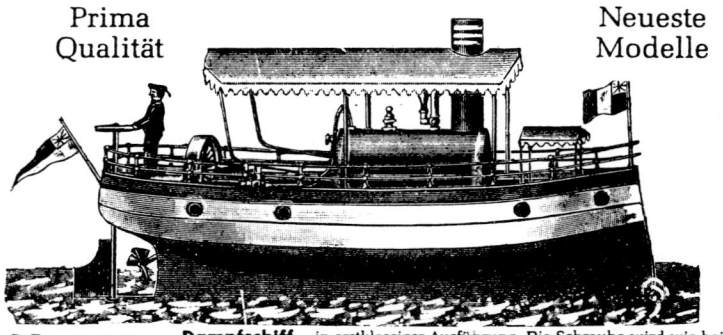

Nr. 2287 **Dampfschiff** in erstklassiger Ausführung. Die Schraube wird wie bei den originalen amerikanischen Dampfturbinen direkt durch das Turbinen-Schwungrad angetrieben. Horizontaler Kupferkessel, genauer Einstellhebel, bewegliches Steuerrad, Sicherheitsventil, Dampfpfeife, schönes Deck. Das Schiff ist prächtig buntlackiert, die Metallteile sind hochfein vernickelt und poliert. Länge 50 cm. Preis **fl. 6.15**

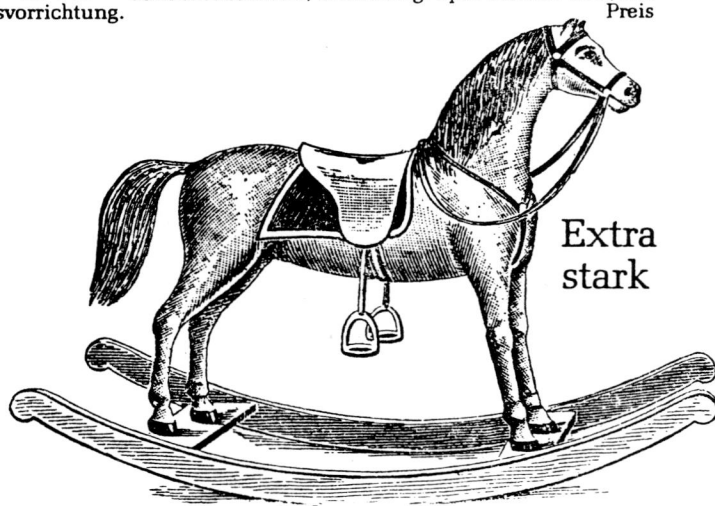

Extra stark

Nr. 2384 **Schaukelpferd,** besonders stabile Ausführung mit Zügel und Steigbügel. Farbig bemalt, Sitzhöhe 66 cm, Rumpflänge 45 cm. Preis **fl. 3.75**

Neu !

Nr. 4854 **Esel mit Reiter,** sehr komisch, mit erstklassigem Uhrwerk, Länge 19 cm, Höhe 15 cm. Preis **72 ct.**

Nr. 3323 **Bär** mit erstklassigem Uhrwerk, läuft vorwärts, in natürlichen Farben lackiert. Größe 14,5 x 7 x 4 cm. Preis **45 ct.**

Nr. 3360 **Puppe,** 24 cm groß, bewegliche Arme und Beine, feste Augen, farbiges Kleid mit Jacke, Strohhut, lockiges Haar. Preis **45 ct.**

Nr. 3353 **Puppe,** 40,5 cm groß. Arme und Beine mit zwei beweglichen Gelenken, drehbarer Kopf. Schöne Schlafaugen, lockiges Haar, farbig garniertes Stoffkleid, Strohhut, Schuhe und Strümpfe. Zum An- und Ausziehen. Preis **fl. 1.90**

Nr. 3363 **Puppe,** 45,5 cm groß. Arme und Beine beweglich, drehbarer Kopf. Lockiges Haar, feines schwarzes Stoffkleid mit Spitzenbesatz, Schlafaugen, Strohhut, Schuhe und Strümpfe. Zum An- und Ausziehen. Preis **fl. 1.75**

Nr. 1776 **Puppen-Service** aus feinem Porzellan mit Blütenmuster, 6 Tassen, 6 Untertassen, zwei Brotkörbchen, 1 Kaffeekanne, 1 Milchkanne, 1 Zuckertopf. In Kartonschachtel verpackt, Länge 30 cm, Breite 20,5 cm. Preis pro Schachtel **95 ct.**

Nr. 4850 **Musikdose** aus hübsch bemaltem Blech. Höhe 11 cm, Breite 8 cm. Preis **15 ct.**

Obwohl es Spielzeug zu kaufen gab, wurden die Kinder nicht damit verwöhnt.

Oft war einfach kein Geld dafür da, also machten sie alles selbst.

Auf einer Garnspule strickten sie das Zaumzeug,

die Kandare war ein Paketgriff aus einem Kleidergeschäft oder dergleichen ...

Wenn ein Schwein geschlachtet wurde, blies man die Blase auf und ließ sie trocknen, das war dann der Fußball.

Ein paar Lakritzbonbons in eine Flasche, Wasser drauf und dann so lange schütteln, bis man Lakritzenwasser hatte. So ein Fläschchen hieß "Meisterfläschchen". Man sprach nicht von Medizin, sondern von "Meisterware" (von Heilmeister).
So machte man Limonade...

Weizenähren fein zerreiben, die Spreu wegblasen und dann fest kauen, so bekam man Kaugummi.

Vom Herumtollen im Heu konnten manche nicht genug kriegen.

Ein hübscher "Ausflug" in den Ferien: mit Vater auf die Felder zum Kartoffelbacken.

Ein großes Erlebnis war es auch, wenn man aus der Schule kam und dem Hausierer begegnete!

So ein Mann verkaufte Garn, Bänder und allerlei Kleinkram, den er in einem Tragkasten mit sich führte.

Der alte Joopie schob ab und zu seinen Karren von Middelharnis herüber –
  „Garnelen, Garnelen, ein Schüsselchen für einen Cent!"

Sogar aus Brabant kamen Händler mit Hundekarren voller Töpfe und Pfannen.

Und mein Opa erinnerte sich bestimmt noch an den kleinen Juden mit seinem Karren voll Nüsse ... und wie der Karren einmal umkippte, als sie einen riesigen Kopf Rotkohl drauf fallen ließen –

Wütend rannte der Händler in die Scheune und hinauf auf den Dachboden, doch die Jungen waren längst an einem Tau davongeflogen.

Mein Opa wird sicherlich Heimweh gehabt haben, wenn er an Flokkee zurückdachte und ihm solche Bilder vor Augen standen ...

Der Laternenanzünder, der zugleich auch Ausrufer war. Wenn ein steifer Wind wehte, hielt er beim Anzünden seinen aufgeknöpften Mantel um die Laterne.

*Ein großes Schwein auf der Straße und dahinter
ein Mann auf dem Fahrrad waren damals nichts Ungewöhnliches
Das sah man öfter, irgendjemand hatte einfach den Eber bestellt.*

*Vor dem Wirtshaus ein Herr (ein Handelsvertreter oder Schneider auf der Walze),
der einen Gepäckträger gemietet hatte.*

Ein alltägliches Bild; die alten Männer vorm Rathaus – die Eckensteher und Tratschkumpane.
Als Kind mußte man immer aufpassen, wenn man an ihnen vorbei wollte – ehe man sich's versah, hatte man einen Klacks Tabaksaft an den Beinen...

74

Der Leichenbitter.
Von seinem Zylinder hing ein langer schwarzer Trauerflor bis über den Arm herab.

„Im Namen der Familie wird hiermit das Hinscheiden des Jan Pieter bekanntgegeben" usw., usw....
Wenn er seine Ansprache beendet hatte, sagte man: „Danke für die Nachricht.
Mein Beileid."

Der Ortspolizist

Der Gendarm

Der Müllwagen

Der Petroleumwagen

In jener Zeit auch oft zu sehen: Menschen, die sich krumm und lahm gearbeitet hatten.

Die leichten Bauernwagen, die überall gebräuchlich waren, wurden meistens von zwei Pferden gezogen.

Manchmal, bei kleineren Lasten, auch nur von einem Pferd. Etwa am 1. März.
(Es war Sitte, daß die Bauernknechte, die im Gesindehaus neben dem Bauernhaus wohnten, am 1. März die Stellung wechselten.)

Das war ein Durcheinander zur Rübenzeit!
Die mit Zuckerrüben vollgeladenen Wagen fuhren auf und ab, und das ganze Dorf versank im Dreck.
In der winterlichen Straße stand der Schlamm von einem Gehsteig zum andern, und man müßte doch mal schnell zum Kaufmann Braeber...

Wenn die Zuckerrüben eingefahren waren, schrubbten die Leute am letzten Freitag vor Weihnachten die Straße sauber.

Das Wasser holte man aus der Kirchgracht oder von der Dorfpumpe – eine Wasserleitung gab es noch nicht.
Es war schon eine Plackerei; in manchen Sommern mußte das Wasser sogar mit dem Schiff herübergebracht werden. Der Ausrufer des Dorfes gab überall bekannt, daß die Leute Wasser holen konnten.

Man ging sparsam mit dem Wasser um – zuerst wurde darin Spinat gewaschen – den Sand ließ man dabei zu Boden sinken – und dann wurde es zum Badewasser. Alle badeten im Zuber. Das kleinste Kind war „erstes"!

Und eine Kanalisation gab es auch nicht.

Aber was alle – oder doch fast alle – hatten: ein Schwein!

Ohne Schwein ging es nicht; es war die Sparbüchse, das Familienkapital und der Garantieschein, den kommenden Winter zu überleben.

In jedem Frühling wurde ein neues Ferkel angeschafft.

Zu jedem Haus gehörte ein Schweinestall.

Anfangs verirrte sich das Ferkel fast darin, aber am Ende seines kurzen, langweiligen Lebens hatte es kaum noch Platz darin – dann wog so ein Schwein wohl um die 500 Pfund!

Der Besuch mußte immer zuerst das Schwein bewundern!

Hinterm Pflug Kartoffeln auflesen. Für das Schwein!

Ein bißchen Mehl, ein paar Handvoll gekochte Kartoffeln...

Das Ferkel würde bestens versorgt.

...nd hinter ...u Schnittern ...hren lesen.

Aber im November machten sie ihm doch den Garaus!

Wenn der Metzger das Schwein abgestochen hatte, wurde Stroh darauf gehäuft, das man anzündete, um die Borsten abzusengen.

Mit diesem Instrument wurde das Schwein abgeschabt, mit dem kleinen Haken wurden die Hufe abgezogen. Die Kinder warteten schon auf diese Leckerbissen und auf das halbverkohlte Schwänzchen.

... und wieder hing Speck auf dem Dachboden!

Manchmal wurde Hals über Kopf geschlachtet,
wenn Rotlauf im Dorf umging und das Schwein einen
kranken Eindruck machte. Das Fleisch wurde nicht beschaut –
man gab einfach dem einen oder anderen Dorftrottel ein
Stück davon und beobachtete ihn danach ein paar Tage lang.

Und das war die Kuh
des kleinen Mannes —
auch ein wertvoller Besitz!
Mit Ziegenmilch, Schweine-
speck und etwas selbstgezo-
genem Gemüse kam
der Mensch
ganz gut
durch.

Von all dem vertrauten Landleben war anno 1900 in Rotterdam nichts mehr übrig.

Mein Opa wird auch die Trachten sehr vermißt haben.

Werktags trugen die Frauen von Flakkee solche gehäkelten Kappen.

88

Und am Sonntag trug man die schöne Tracht: die Spitzenhaube mit goldenen Spiralen und Spangen.

Es wird oft behauptet, die Tracht sei heute nicht mehr zu bezahlen. Aber mit diesen Kleidern und den Schmuckstücken, die ein ganzes Menschenleben lang vorhielten, war man doch billiger dran, als wenn man der Mode stumpfsinnig folgte.

90

Die Frauen trugen keinen Mantel, sondern ein Umschlagtuch ←

Die Männer trugen solche Anzüge.

Zur Arbeit auf dem Acker taugten sie nicht – dort trug man eine braune Drillichhose und einen Kittel.

Dieser Mann kocht Kaffee auf dem Feld – ein bißchen trockenes Stroh in einer Kuhle, ein Streichholz...

– Die Dinger waren wohl hundertmal geflickt.

Manche Leute stellten hinterher in der Asche eine Falle auf: der Hase setzte sich nachts gern in die warme Asche!

Wenn es ihnen zu warm wurde, zogen sie die Hosen aus und gingen nach der Arbeit einfach in den langen Unterhosen nach Hause.

All die Feldarbeit hat
mein Opa auch gemacht,
ehe er nach Rotterdam ging.

„Hau ruck!"
Und dann hatte man 70 kg auf dem Buckel.

95

Mein Opa verließ das Land nicht etwa, weil ihm die Arbeit zu schwer war – in Rotterdam fing er als Gipser an!

Wohl einer der schwersten Berufe.

← Mein Cousin Jaap hat Opas Handwerk von seinem Vater übernommen.

Mein Opa konnte Goeree Flakkee nicht vergessen.
In den Abendstunden malte er solche Bilder...

Natürlich vergaß er auch seine Eltern nicht und
schrieb ihnen von Zeit zu Zeit einen Brief.

Meine Urgroßeltern
Sacharias Poortvliet
und Krijna Poortvliet
de Bonte anno 1900.

Ein Jahr zuvor, 1899, war ihre Tochter Cornelia im Alter von 33 Jahren gestorben, seitdem schaute meine Urgroßmutter so traurig drein.

―

An der Wand hängt eine „Ehrenurkunde", die ihr Sohn Leendert Willem (ein Bruder meines Opas) zum 40. Hochzeitstag seiner Eltern gemacht hat.

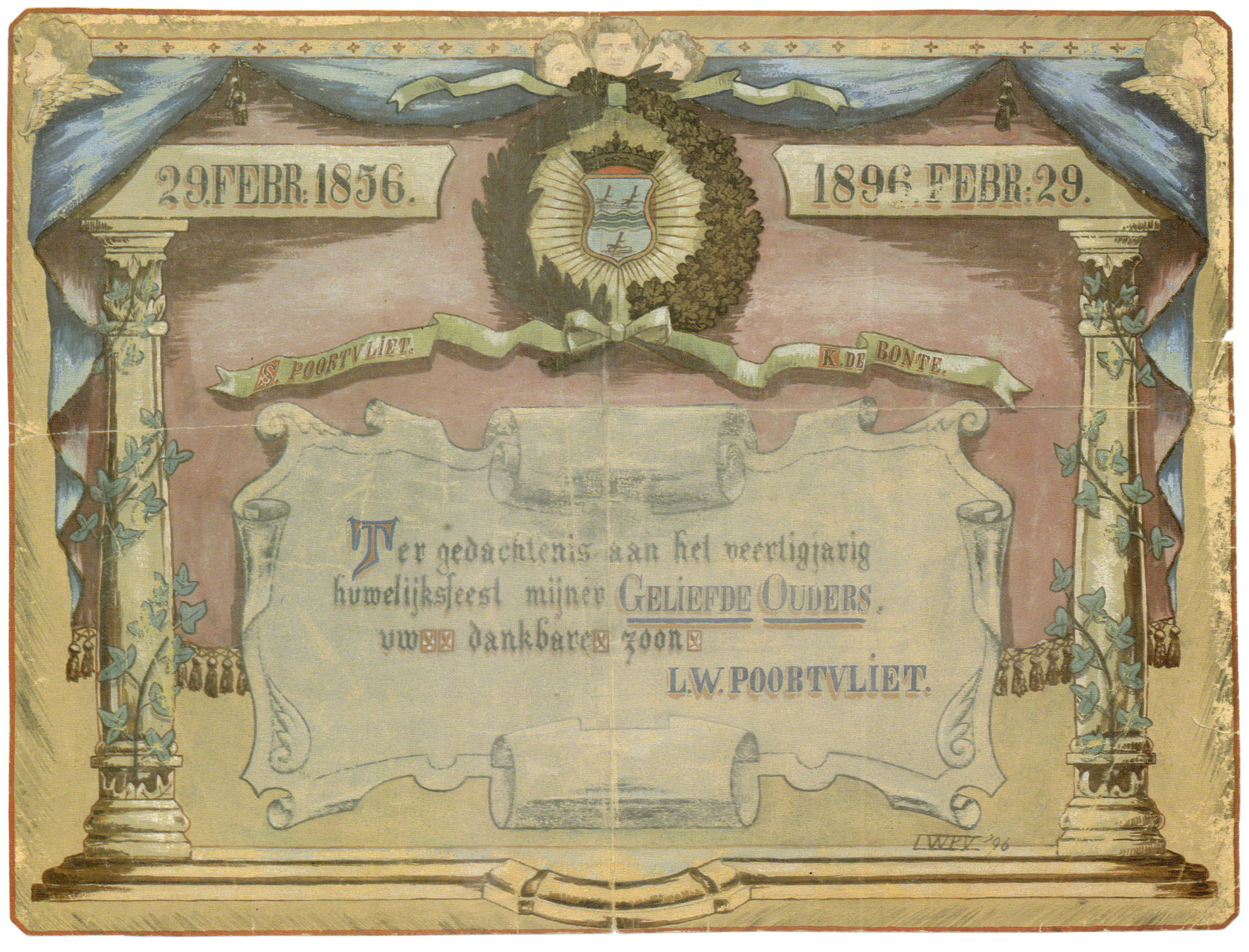

> 29. FEBR. 1856. 1896. FEBR. 29.
>
> S. POORTVLIET.   K. DE BONTE.
>
> Ter gedachtenis aan het veertigjarig huwelijksfeest mijner GELIEFDE OUDERS.
> uw dankbare zoon
> L.W. POORTVLIET.

Daß aus Krijna de Bonte und dem Ernte-aufkäufer Sacharias schließlich doch noch ein Paar geworden ist, haben sie der Kartoffelfäule von 1846 zu verdanken.

Wie so viele andere war auch Krijnas Vater verarmt und mußte seinen Hof verkaufen. So stieg die Bauerntochter Krijna in einen niedrigeren Stand herab.

N°. 4

In het jaar een duizend acht honderd zes en vijftig, den *negen en twintig* der maand *Februarij* zijn voor ons ondergeteekende *Pieter Laaijer, Burgemeester* Ambtenaar van den burgerlijken-stand der gemeente DIRKSLAND, Provincie Zuidholland, in het huis der gemeente, in het openbaar en in tegenwoordigheid der natenoemene getuigen, verschenen *Sacharias Poortvliet* oud *drie en dertig* jaren, van beroep *avonturier* geboren te *Dirksland* en wonende te *Dirksland* meerderjarige zoon van *Cornelis Poortvliet en van Elizabeth Groen, beiden overleden*

En *Krijna de Bonte* oud *negentien* jaren, van beroep *Zonder* geboren te *Dirksland* en wonende te ~~*Dirksland*~~ *min*derjarige dochter van *Krijn de Bonte en van Cornelia Breesnee, beiden overleden,*

welke ons verzocht hebben tot de voltrekking van hun voorgenomen huwelijk te willen overgaan daartoe aan ons ter hand stellende *hunne geboorte-acten, de overlijdensacten van de ouders, de grootouders van vaderszijde en den grootvader van moederszijde der bruid, het bewijs dat de bruidegom aan zijne verpligtingen ten opzigte der Nationale Militie heeft voldaan, eene notariële acte, waarbij Geertrui Overdijk als grootmoeder van moederszijde haar volkomen toestemming tot dit huwelijk geeft en een certificaat waaruit blijkt dat de beide huwelijksafkondigingen in de gemeente Herkingen op den zeventienden en den vier en twintigsten dezer maand zonder stuiting hebben plaats gehad, terwijl dezelve op die dagen ook in deze gemeente ongehinderd zijn afgeloopen.*

Die Heiratsurkunde von Sacharias und Krijna

Dien ten gevolge en nadat de bruidegom en bruid elk afzonderlijk aan ons ambtenaar van den Burgerlijken-stand, op onze daartoe gedane afvraging hadden verklaard, dat zij elkander aannemen tot echtgenoten, en dat zij getrouwelijk alle de pligten zullen vervullen, welke door de wet aan den huwelijken staat verbonden zijn, hebben wij in naam der wet verklaard, dat de personen van *Sacharias Poortvliet en Krijna de Bonte* bovengemeld, door den echt aan elkander zijn verbonden.

Van al hetwelk wij deze akte hebben opgemaakt in tegenwoordigheid van *Leendert Kardux oud een en veertig jaren bouwman, behuwdbroeder van de bruid, Jacob Heijboer oud zeven en dertig jaren, bouwknecht, behuwd broeder van den bruidegom, Cornelis Koert, oud zes en veertig jaren bouwman en Arij van der Ent oud drie en dertig jaren, bode, bekenden van de comparanten, allen wonende St Dirks- land, die na voorlezing met ons en de comparanten hebben geteekend.*

Es kam oft vor, daß reiche Bauern- töchter, die jahrein, jahraus an ihrer Aussteuer gearbeitet hatten, unverheiratet blieben ...

Mein Urgroßvater

SACHARIAS POORTVLIET

geboren zu Dirksland am 8.2.1823
gestorben "   "   am 26.12.1903

Sach.⸗ Poortvliet

die Unterschrift
meines Urgroßvaters

N.º 11.

In het jaar een duizend acht honderd drie en twintig, den *tienden* der maand *Februarij* des *voor*middags ten *negen* uren, is voor ons Schout en gecommitteerd Ambtenaar tot het werk van den Burgerlijken Staat der Gemeente Dirksland, verschenen *Cornelis Poortvliet* oud *vijf en dertig* jaren, van beroep *Arbeider* wonende *alhier* welke ons heeft verklaard, dat *zijne huisvrouw Elizabeth Groen* op den *negsten dezer* des *avonds* ten *elf* uren, bevallen is van een kind van het *mannelijk* geslacht, hetwelk hij zegt de voornaam te zullen dragen van *Zacharias*.

De gemelde verklaring is geschiedt in tegenwoordigheid van *Arend de Bruin* oud *veertig* jaren, van beroep *Arbeider* wonende *alhier* en van *Joost Fruijberg* oud *zeven en twintig* jaren, van beroep *Veldwachter* wonende *alhier*.

En hebben de comparanten deze Akte, na voorlezing, met ons geteekend.

De Schout en gecommitteerd Ambtenaar voornoemd,

P. Grasbeek *C. Poortvliet*
A. C. Bruyne
J. Knijpe *J. Fruijberg*

Geburtsurkunde

Sterbeurkunde

Er war der fünfte Sacharias aus der Ehe von Cornelis und Elisabeth – vor ihm waren 4 kleine Sachariasse, noch nicht ein Jahr alt, in der Wiege gestorben...

N.º 50   Akte van OVERLIJDEN van *Sacharias Poortvliet*

In het jaar een duizend negen honderd drie, den *zeven en twintigsten* der maand *December* zijn voor ons ondergeteekende, Ambtenaar van den Burgerlijken-Stand der gemeente **Dirksland**, verschenen: *Leendert van der Sluijs* oud *vijf en zestig* jaren, van beroep *gemeente bode* en *Hendrik Mathijs Boodzand* oud *zes en dertig* jaren, van beroep *timmerman* wonende beiden in deze gemeente, die ons hebben verklaard, dat op den *zeven en twintigsten* der maand *December* duizend negen honderd drie, des *voormiddags* te *drie* uren, in het huis staande in deze gemeente, numero *vierhonderd drie en twintig* is overleden *Sacharias Poortvliet* van beroep *landbouwer* geboren te *Dirksland* en wonende te *Dirksland* in den ouderdom van *tachtig jaren* geboren in het jaar *achttien honderd drie en twintig*, zoon van *Cornelis Poortvliet en van Elizabeth Groen, beiden overleden, echtgenoot van Krijna de Bonte, zonder beroep, wonende te Dirksland*.

En hebben wij hiervan deze akte opgemaakt, die na voorlezing is onderteekend door ons en de declaranten.

1823

Eine Hebamme berechnete damals f. 2.50 für die sachkundige Hilfe bei der Entbindung.

Eine Arztvisite kostete im Dorf 30 Cent, eine Visite draußen im Polder 1 Gulden.

Sechs Jahre zuvor hat jemand dieses Veloziped erfunden, aber auf den schlechten Straßen um Dirksland kann man nicht viel damit anfangen.

In der Familie waren schon sechs Babys gestorben...

Der kleine Sakries schaffte es zwar – blieb aber immer ein nickriger Dreikäsehoch. Zeitlebens wog er weniger als 100 Pfund und ging in Kinderholzschuhen.

1828 hatte Dirksland 1494 Einwohner

Z, z, z, Z, z, Z.

ZACHARIAS ziet de ZEE.

Wel verbazend, welk een plas!
'k Huiver op 't gezigt der baren –
En de mensch durft haar bevaren
Even of 't een meertje was!

ZACHARIAS Sieht das MEER
Wie gewaltig ist das Meer!
Läßt uns auch sein Anblick schaudern,
Hat der Mensch doch ohne Zaudern
Es befahren kreuz und quer!

Im Schulbuch mag der Zacharias so ausgesehen haben – mein Urgroßvater und seine Freunde waren viel schäbiger angezogen – in Dirksland gab es damals viel Armut.

Ein neuer Rock war nicht zu bezahlen,

Worüber sich diese Jungen wohl unterhalten mögen (1839)?

Über die soeben erfundene „Camera obscura"? Ich glaube nicht.

Vermutlich über die Eröffnung der ersten holländischen Eisenbahn am 20. September!

Getrockneter Kuhmist wurde als Brennstoff verwendet.

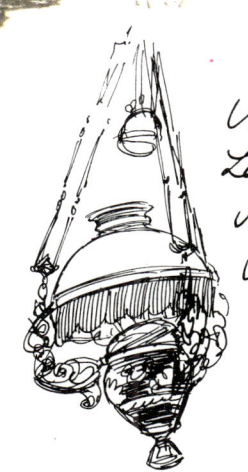

man nahm jedes Jahr eine neue Stoffbahn von der Breite, wie die Schürze freiließ, und drehte den Rock ein Stück weiter...

Ein Freund des Hauses hatte ein Holzbein. Der trug an seinem heilen Fuß zuerst den rechten Schuh ab und danach den linken.

Und die Lampe hing manchmal schief, um den letzten Tropfen Öl zu nützen.

ALGEMEEN VERSLAG

van de Gemeente *Dirksland* van het jaar 1850.

ALLGEMEINER BERICHT der Gemeinde *Dirksland* im Jahre 1850

1°. GEMEENTE-ADMINISTRATIE.

a. Welke zijn de voornaamste middelen van bestaan der Ingezetenen? | *Landbouw*

1°. GEMEINDEVERWALTUNG

a. Welche sind die hauptsächlichen Einnahmequellen der Einwohner? | *Ackerbau*

b. Hebben dezelve over het algemeen gunstige uitkomsten opgeleverd, of zijn daarin tegenspoeden ondervonden? | *De uitkomsten zyn buitengemeen ongunstig geweest, zoo door misgewas als door het uitwaayen van te velde staande vruchten.*

b. Ist durch dieselben allgemein ein ausreichendes Einkommen gewährleistet oder wurden diese zu gering befunden? | *Die Einnahmen waren außerordentlich gering, da die Körner der Feldfrüchte vorzeitig ausfielen.*

c. Zijn de Ingezetenen rustig en tevreden, zoo niet, welke bijzondere bezwaren zijn er aanwezig en welke middelen bestaan er om daarin te gemoet te komen? | *Zy zyn steeds rustig en tevreden.*

c. Sind die Einwohner ruhig und zufrieden, wenn nicht, welche besonderen Beschwerden werden vorgebracht und welche Mittel bestehen zu deren Beseitigung? | *Sie sind immer ruhig und zufrieden.*

11°. BIJZONDERHEDEN.

Onder de vorige rubrieken niet begrepen, en *Algemeene opmerkingen.* | *Steeds veel armoede.*

11°. BESONDERE ANMERKUNGEN

In den vorangegangenen Rubriken nicht enthaltene und allgemeine Anmerkungen | *Immer große Armut.*

Aldus opgemaakt te Dirksland den 22 January 1850
Burgemeester en Assessoren
(get.) P. Laayer

So erstellt zu Dirksland, den 22. Januar 1850
Bürgermeister und Schöffen
Unterschriften

Fiordonnante van derselve
(get.) Jacob de Graaff L.S.

Sie sind immer ruhig und zufrieden.

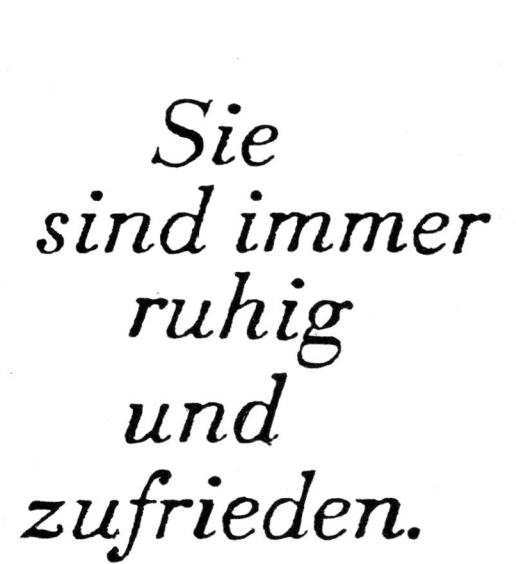

Es ist interessant, Anfang und Ende des Jahresberichtes 1850 zu vergleichen.

e. Hoedanig is de toestand der Wegen en der daarin gelegene Bruggen en Heulen?

De wegen zyn over het algemeen van Zware klei en daardoor des wintertijds Slecht, de Bruggen en Heuls zyn in goede orde.

f. Zijn die, welke tot communicatie met naburige Gemeenten dienen, ten allen tijde in eenen bruikbaren staat?

Geduurende den Winter byna Onbruikbaar

e. Wie ist der Zustand der Straßen und der an ihnen gelegenen Brücken und Düker?

Die Straßen sind im allgemeinen aus schwerem Lehm und deshalb im Winter in schlechtem, die Brücken und Düker sind in gutem Zustand.

f. Sind die Straßen zu den Nachbarorten jederzeit in passierbarem Zustand?

Im Winter nahezu unpassierbar.

Sacharias war viel unterwegs...

Mein Urgroßvater war Ernteaufkäufer von Beruf – er kaufte den „Zehnten" (Anteil der Feldfrüchte, mit dem die Pacht bezahlt wurde) im voraus auf. Außerdem verlieh er Säcke, betrieb ein wenig Landwirtschaft und hatte ein paar Tiere im Stall stehen.

Da er daneben auch ein bißchen mit Vieh handelte, klapperte er
die halbe Insel in Geschäften ab. Begleitet von seinen Söhnen Cornelis (mit Bart),
der Fleischhauer war, und Dirk, macht sich hier Sacharias auf den Weg.

Die Reise führte sie oft nach Ouddorp, wo die Fischersfrauen als Nebenverdienst außer der eigenen Sau noch ein zweites Schwein zum Verkauf mästeten.

Hin und zurück war das immerhin ein Spaziergang von 40 Kilometern an einem Tag...

Unterwegs hörte man überhaupt nichts außer den eigenen Schritten! Und wenn es dunkel war, sah man nicht die Hand vor Augen.

Bei der Verabredung zu einem Besuch achtete man deshalb auf die Mondphasen.

Von hier aus bis zur Schule ist es ein hübsches Stück zu laufen...

„Mutter, die neuen Holzschuhe tun immer noch weh!" Und dann wurde man hinausgeschickt mit dem wohlgemeinten Rat: „Dann spiel mal schön!"

Denn dabei stand man ja kaum still. Aber wie lange hielten die Holzschuhe eines Landarbeiters? 4 bis 5 Wochen! Dann waren sie kaputt.

Später, als das Rad aufkam, brauchte man nicht mehr so viel zu laufen.

Man ist nicht nur im Nu dort, wo man hinmöchte – man kann ganz nebenbei auch so schön überall hineingucken.

Und das tun sie gern.

Und hinter den Gardinen wiederum beobachtet man, was die beiden da draußen wohl zu tratschen haben...

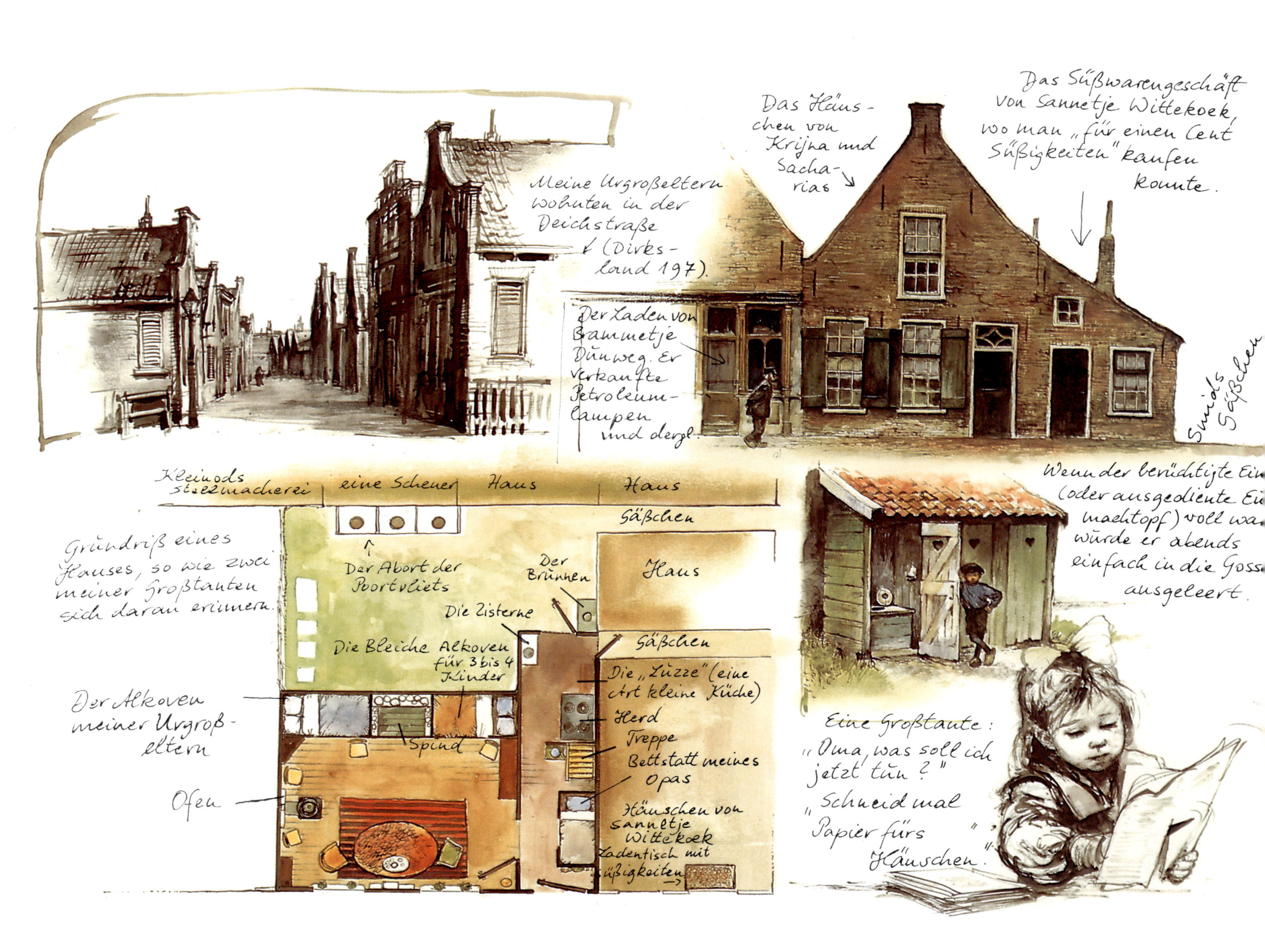

Meine Urgroßeltern wohnten in der Deichstraße (Dirksland 197).

Das Häuschen von Krijna und Sacharias →

Das Süßwarengeschäft von Sannetje Wittekoek, wo man „für einen Cent Süßigkeiten" kaufen konnte.

Der Laden von Brammetje Dünweg. Er verkaufte Petroleumlampen und dergl.

Smids Gäßchen

Grundriß eines Hauses, so wie zwei meiner Großtanten sich daran erinnern.

Der Alkoven meiner Urgroßeltern

Ofen

Kleinods stoelsmacherei | eine Scheuer | Haus | Haus

Der Abort der Poortvliets
Der Brunnen
Die Zisterne
Gäßchen
Die Bleiche
Alkoven für 3 bis 4 Kinder
Haus
Gäßchen
Die „Zuzze" (eine Art kleine Küche)
Herd
Treppe
Bettstatt meines Opas
Spind
Häuschen von Sannetje Wittekoek Ladentisch mit Süßigkeiten

Wenn der benötigte Ei(mer) (oder ausgediente Einmachtopf) voll war, würde er abends einfach in die Gosse ausgeleert.

Eine Großtante: „Oma, was soll ich jetzt tun?" „Schneid mal Papier fürs Häuschen."

Im Spind (eine Art Kellerschrank) war das sog. Steingut untergebracht. Über ein paar Stufen gelangte man in die kleinen Keller unterhalb der Alkoven.

Im Spind stand auch der Schnapskrug. Sakries trank immer einen Schnaps vor dem Schlafengehen. Er blieb dabei im Spind stehen.

Dort wurde der Wintervorrat aufbewahrt. Der oft muffige Geruch in den Alkoven stammte hauptsächlich von den Kartoffeln...

Steingut

Nach dem Tod ihrer Mutter (33) durfte Großtante Lenie manchmal bei Opa und Oma schlafen.

Vom Alkoven aus konnte sie alles gut sehen: Sakries zog Kittel, Hose und Socken aus, nahm den Nachttopf aus dem Alkoven, stellte ihn auf den Boden und kroch in die Federn.

Dann setzte meine Urgroßmutter ihre Haube ab (die sie alle Tage trug) und drapierte sie über eine Vase. Sie zog ihr schwarzes Kleid und die Strümpfe aus und eine Nachtjacke an –

– blies die Petroleumlampe aus und zündete das Nachtlämpchen auf dem Kaminsims an.

Die Leute gingen damals um neun Uhr zu Bett und standen um halb fünf auf.

Das „Kammenet" (der Kabinettschrank), der Stolz meiner Urgroßmutter, in dem sie ihre Hauben und den Goldschmuck, die Leinenwäsche und Wertpapiere aufbewahrte.

Alkoven der Kinder

Damals schliefen die Kinder oft zu dritt oder zu viert in einer Bettstatt. Oft hörte man nachts plötzlich: „1, 2, 3 und hopp!" und dann drehten sich alle zugleich um.

Die Bettstatt meines Opas stand auf dem Gang. Er hatte seine eigene Art, mit einem Schwung aus dem Wohnzimmer ins Bett zu springen. Als er einmal spät nach Hause kam, hatte er vergessen, daß eine alte Tante zu Besuch war und in seinem Bett schlief.

121

Eines der ersten Dinge, die man frühmorgens tat, war Kaffee aufzusetzen. Dazu benützte meine Urgroßmutter Wasser aus der ZISTERNE, in der das Regenwasser aufgefangen würde.
Zum Scheuern und dergleichen holte man Wasser vom Brunnen – darin war Grundwasser.
In einem Eimer → war Zisternenwasser zum Trinken, im anderen Brunnenwasser zum Händewaschen

Die Treppe zum Dachboden, auf dem die Jungen schliefen.

Wenn der Kaffee auf dem Stövchen stand, leerte sie die Nachttöpfe aus.
Dann steckte sie sich ein Tuch vor die Brust und machte die Brote fertig. Zuerst wurde Butter draufgestrichen, dann das Butterbrot abgeschnitten, usw.

PSALMUS LXVIII.

Der 68. Psalm.

Dann werden die Gerechten all / Vor Frewden jhrem Gott lobsingen /
Vnd deß Namen mit reichem schall / Für g'leiste Hülff groß Danck fürbringen /

Lobsinget dem Gott hoch geehret / Vnd bereitet die Bahn lobsam /
Dem / der sanfft in der Höh herfähret / HErr heist desselben Nam.

An den Sonntagabenden setzte mein Urgroßvater seine Mütze ab und sagte: "Jetzt woll'n wir singen." (Eine Art Lobgesang von Sacharias).

Meine Urgroßeltern gehörten zu den Kirchgängern, wie es damals üblich war. Sacharias war sogar „Presbyter", wie aus alten Kirchenbüchern hervorgeht.

Sacharias Poortvliet wurde mit 56 Stimmen in den Kirchenvorstand gewählt.

Die Niederländische Reformierte Kirche in Dirksland.

Wenn mein Großvater sonntags in der Kirche saß, sah er auf dieses Taufbecken, das unten an der Kanzel befestigt war.

Mein Großvater Marinus und sein Vater Sacharias sind über diesem Taufbecken getauft worden.

Eintragung ins Kirchenbuch:
Den 2ten Maart 1823.

Doopnaam.   Geboortedag ~ Ouders ~ Getuigen.

Zacharias.... Geb. den 8 February
V. Cornelis Pouwelier
M. Elisabeth Groen
G. De Ouders.

Am zweiten Weihnachtstag 1903 starb mein Urgroßvater. Meine Urgroßmutter überlebte ihn um 11 Jahre. In dieser Zeit besuchte sie oft ihren Sohn Dirk.

Um so oft wie möglich auf Flakkee zu sein, übernahm mein Großvater gern größere Stukkaturarbeiten auf der Insel. Er wohnte dann mit einigen seiner Söhne bei Bruder Dirk.

Der Bauernhof von Onkel Dirk ↓

Als ich selber (knappe 50 Jahre später) die Ferien dort verbringen durfte, hatte sich eigentlich kaum etwas verändert. — Vielleicht hatte der Vroonweg mittlerweile einen harten Belag bekommen.

Gottseidank findet man auf Flakkee immer noch diese wohltuend gemütlichen Ecken im Zuckerbäckerstil – ich sehe solche Winkel gern !!

Ich sehe auch gern den Flakbee-
anern zu - sie sind dauernd
am werkeln.
Und was ich ganz besonders gern
mag - den köstlichen Dialekt
von Flakbee!

Ach, mein Opa hätte gar nicht weggehen sollen, denke ich, wenn ich die weiten, wie von Ruisdael gemalten Landschaften sehe.

Gerade als ich an dem Punkt angelangt war, wo ich mit Hilfe der Erinnerungen meiner Großtante (Tante Dikje auf S. 88) und der bräunlichen Schnappschüsse aus dieser Zeit herauszufinden versuchte, wie es in der Jugendzeit meines Großvaters ausgesehen haben mag, fiel mir unerwartet ein herrliches Geschenk in den Schoß: der Stammbaum!

Mit dem, was ich in alten Kirchenbüchern, in Gemeinde- und Landesarchiven ausfindig machen kann, gehe ich weiter auf die Suche nach meinen Vorvätern.

Dabei will ich so vorgehen: Meinen richtigen Opa nenne ich Großvater [1], dessen Vater Großvater [2] usw. Denn von dem Getue mit dem Ur-ur halte ich nicht viel.

mein Opa 9) **CORNELIS ADRIAENSZ POORTVLIET**
Bekenntnis Colijnsplaat 10-4-1610
gestorben ± 18-8-1649
verheiratet mit (1) vermutlich einer CORNELIA

1 **JAN CORNELIS**
2 Adriaen
3 Neelken Cornelis
4 Stijnken Cornelis
5 verm. Marijnis
verheiratet mit (2) Magdalena van Gelder † 18-8-1649

mein Opa 8) **JAN CORNELIS (VAN) POORTVLIET**
† Colijnsplaat 7-12-1650
verheiratet ca. 1629 mit
Cornelia (Neelken) Adriaans Gemeindeglied Colijnsplaat 1634

1 Adriaan - getauft Colijnsplaat 13-10-1630
2 Cornelis - getauft Colijnsplaat 25-4-1632
3 Cornelis - getauft Colijnsplaat 2-8-1634
4 Cornelis - getauft Colijnsplaat 12-10-1636
5 Lijsbeth Jans - Taufurkunde nicht gefunden
6 Dirck - getauft Colijnsplaat 27-1-1639
7 Jasper - getauft Colijnsplaat 14-7-1641
8 Jacob - getauft Colijnsplaat 1-5-1644
9 Cornelia - getauft Colijnsplaat 15-9-1647
10 **JAN** getauft Colijnsplaat 19-6-1650

Opa 7) **JAN JANSZ POORTVLIET** get. Colijnsplaat 19-6-1650
Gemeindeglied Colijnsplaat 1672 Adresse Oostagterstraat † na 4-6-1724
heiratet ca. 1670 Pieternella Simons Belleman, getauft Colijnsplaat 13-10-1647

TAUFZEUGEN

1 Jan - getauft Colijnsplaat 28-6-1671:
Dirk Poortvliet
Adriaan Baartholf
Jan Simons
Cornelia Adriaans

2 Simon - getauft Colijnsplaat 4-12-1672:
Wouter Verheyde
Jan Cornelisz
Catelijntje Cents

3 Marij - getauft Colijnsplaat 15-4-1675:
Anthony Rabou
Reinier Reniersz. de Jonge
Lijsbeth Simons

4 Cornelis - getauft Colijnsplaat 20-6-1677:
Wouter Verheys
Paulijntje Jacobs

5 Pieter - getauft Colijnsplaat 28-4-1680:
Adriaan Imanse
Simon Belleman
Janneke Segers

6 Adriaan - getauft Colijnsplaat 26-10-1681:
Adriaan Barfdolf
Adriana Simons Belleman
Dirck Jansz Poortvliet

7 **SIMON** getauft Colijnsplaat 16-1-1684:
Barbel Jansz Belleman
Gillis Adriaensz Bardolf
Cornelis Geertse

8 Cornelis - getauft Colijnsplaat 31-3-1686:
Lieven Adriaan Keuvelaer
Dirck Janse van Poortvliet
Gillis Cornelis Dane

9 Pieter - getauft Colijnsplaat 13-2-1689:
Jan Dirkse Poortvliet
Maatje Bierstecker
Jan Dijk

10 Jacob - getauft Colijnsplaat 18-3-1691:
Adriaan Poortvliet
Janneken Frans

Opa 6) **SIMON JANSZE POORTVLIET** - getauft Colijnsplaat 16-1-1684
† Dirksland 31-10-1730
heiratet (1) ca. 1704 Pieternella Pietersdr. van der Berge

1 Jan - getauft Colijnsplaat 31-5-1705:
Machiel Isaks
Lisebet Simons
Jan Poortvliet

2 Pieter - getauft Colijnsplaat 22-8-1706:
Gerard van den Berge
Cornelia van den Berge
Jan Poortvliet

3 Jannes - getauft Colijnsplaat 16-10-1707:
Jan Jans Poortvliet
Clara Geelhoed
Joos Carre

4 **CORNELIS** - geboren ca. 1709:

heiratet (2) Dirksland 7-10-1714 Adriana Fanius van ES

5 Pieternella - getauft Dirksland 17-12-1716:
Johan Jansze van der Ham
Kornelia van Loo

6 Lena - getauft Dirksland 10-9-1719:
Paulus Jansz Lindt
Marij Jansz van den Berge

7 Lena - getauft Dirksland 22-12-1722:
Arend Jansz Veugelaar
Dirkje Nokters

8 Simon - getauft Dirksland 9-12-1724:
Paulus Jansz Smit
Maria Jansz

9 totgeborenes Kind, beerdigt Dirksland 26-4-1726:

heiratet (3) Dirksland 29-7-1728 Lijsbeth Paulusse Langstraat, † Dirksland 13-3-1731

10 Hendrina - getauft Dirksland 30-7-1729:   Leendert Weesterbeek
                                                      Pleuntje van de Langstraat

11 Simon - getauft Dirksland 6-2-1731:   Jan Simonsz Poortvliet
                                                      Cornelia Arents van Loo

Opa 5)

CORNELIS SYMONSZ POORTVLIET - geboren ca. 1709. † Dirksland 23-3-1772
     heiratet (1) Dirksland 24-2-1736, * 18-3-1736 Maatje Zachariasdr. van der Groeff
     † Dirksland 24-11-1749

    1 Pieternel - getauft Dirksland 20-1-1737, † Dirksland 15-9-1741:   Pieternella Arents
    2 **ZACHARIAS** getauft Dirksland 19-10-1738:   Jacob van der Groelf
                                             Seytje Jans Gestel
    3 Neeltje - getauft Dirksland 29-10-1740, † Dirksland 10-11-1772:   Seytje Jans van Gestel
    4 Pieternel - getauft Dirksland 5-10-1743:   Leendert Prono
                                        Jannetje Ariaens
    5 Arent - getauft Dirksland 4-9-1745:   Jacob van der Groeff
      heiratet (2) Dirksland 5-1-1750, * 22-2-1750 Burgje Johannis van Laa,   Seytje Jans Gestel
      getauft Dirksland 19-10-1705, † Dirksland 17-1-1758
    6 Cornelia - getauft Dirksland 12-9-1751, † Dirksland 27-10-1756:   Grietje van Leerdam
    7 Johannes - getauft Dirksland 14-10-1753:   Jannetje Aris Filiris
    8 Cornelia - getauft Dirksland 4-1-1756, † Dirksland 11-6-1757:   Jannetje Ariaans Filiris
    9 Gestorbenes Kind (?)
      heiratet (3) Dirksland 8-4-1758 Maria van der Geevel geboren ca. 1703
   10 Lena - getauft Dirksland 10-6-1759, † Dirksland 16-2-1764:   de vader
   11 Clijntje - getauft Dirksland 29-3-1761, † Dirksland 14-6-1764:   Clijntje Jans Lorij
   12 Cornelia - getauft Dirksland 27-3-1763:   Jannetje Ariaan Filiris
   13 Lena - getauft Dirksland 14-4-1765:   Jannetje Pieters van der Bergh
   14 Lena - getauft Dirksland 30-11-1766:   Jannetje Pieters van der Bergh

Opa 4)

ZACHARIAS POORTVLIET getauft Dirksland 19-10-1738,
     † Dirksland 28-11-1807
     heiratet Dirksland 20-1-1769, * 19-2-1769 Geertje Cornelis Kluyt -
     geboren Dirksland 5-11-1747, † Dirksland 2-6-1810

    1 Maatje - getauft Dirksland 30-12-1770, † Dirksland 14-7-1773:   Pieternella Poortvliet
    2 Antje - getauft Dirksland 10-5-1772, † Dirksland 15-2-1773:   Anna Willems Swanenburg
    3 Frederik - getauft Dirksland 19-2-1775, † Dirksland 10-2-1777:   Johanna Reyniers v. Zwanenburg
    4 Cornelis - getauft Dirksland 3-3-1776:   Maria van der Geevel
    5 Frederik - getauft Dirksland 26-10-1777, † Dirksland 8-1-1785:   Johan Zwanenburg
    6 Cornelis - getauft Dirksland 25-10-1778, † Dirksland 11-4-1783:   Pieternella Poortvliet
    7 Cornelis - getauft Dirksland 27-7-1783:   Maaytje van der Seevel
    8 Cornelia - getauft Dirksland 27-7-1783, † Dirksland 4-8-1783:   Pieternella Poortvliet
    9 Frederik - getauft Dirksland 8-5-1785, † Dirksland 12-3-1801:   Elisabeth van der Made
   10 **CORNELIS** getauft Dirksland 22-4-1787:   Pieternel Poortvliet

Opa 3)

CORNELIS POORTVLIET geboren Dirksland 22-4-1787, † Dirksland 31-1-1855
     heiratet Dirksland 13-4-1809 Elisabeth de Groene - getauft Oud Beijerland 6-6-1786,
     † Dirksland 30-9-1851

    1 Zacharias - geboren Dirksland 28-11 // 10-12-1809, † Dirksland 2-8-1810
    2 Zacharias - geboren Dirksland 7 // 14-4-1811: Petronella Opstal, † Dirksland 30-6-1811
    3 Sacharias - geboren Dirksland 9 // 27-8-1812: Jannetje Hartman, † Dirksland 27-8-1812
    4 Geertje - geboren Dirksland 30-8 // 16-9-1813, † Dirksland 16-9-1813
    5 Frederik - geboren Dirksland 22-7-1814, † Dirksland 23-7-1814
    6 Maatje - geboren Dirksland ca. 1815, † Melissant 13-9-1834
    7 Sacharias - geboren Dirksland 19-2-1817, † Dirksland 12-7-1817
    8 Jannetje - geboren Dirksland 14-11-1818
    9 Geertje - geboren Dirksland 13-2-1820
   10 **SACHARIAS** - geboren Dirksland 8-2-1823
   11 Gerrit - geboren Dirksland 23-10-1825, † Dirksland 5-2-1855

Opa 2)

SACHARIAS POORTVLIET geboren Dirksland 8-2-1823, † Dirksland 26-12-1903
     heiratet Dirksland 29-2-1856-Krijna de Bonte - geboren Dirksland 26-6-1836,
     † Dirksland . -8-1914

    1 Elisabeth - geboren Dirksland 3-1-1857
    2 Krijn - geboren Dirksland 16-9-1858, † Dirksland 5-10-1859
    3 Cornelis - geboren Dirksland 14-7-1860
    4 Krijn - geboren Dirksland 3-12-1862
    5 Jannetje - geboren Dirksland 21-2-1865
    6 Cornelia - geboren Dirksland 1-10-1867
    7 Maarten - geboren Dirksland 20-7-1870
    8 Gerrit - geboren Dirksland 1-2-1873
    9 Leendert Willem - geboren Dirksland 4-9-1875
   10 **MARINUS** geboren Dirksland 1-4-1878
   11 Dirk - geboren Dirksland 24-8-1880

mein Opa

MARINUS POORTVLIET geboren Dirksland 1-4-1878, † 28-7-1938
     heiratet Rotterdam 2-10-1901 Rookje Spierdijk Ritmeester - geboren 6-8-1877

    1 Jacob Spierdijk, geboren Rotterdam 6-2-1904
    2 **ZACHARIAS**, geboren Rotterdam 26-3-1905
    3 Cornelis, geboren Rotterdam 9-1-1910
    4 Jacoba, geboren Rotterdam 14-7-1911
    5 Leendert Willem, geboren Rotterdam 7-6-1913
    6 Marinus, geboren Rotterdam 2-7-1917
    7 Catharina, geboren Rotterdam

mein Vater

ZACHARIAS POORTVLIET geboren Rotterdam 26-3-1905, † 4-3-1973
     heiratet Rotterdam 2-7-1930 Cornelia Hermina de Boer, geboren 19-6-1911

    1 **MARINUS** Harm - geboren Schiedam 7-8-1932
    2 Harm - geboren Schiedam 29-8-1935, † 14-3-1936
    3 Harm - geboren Schiedam 13-2-1937
    4 Karel - geboren Schiedam 29-5-1945
    5 Hans - geboren Schiedam 13-6-1947

MARINUS HARM POORTVLIET - geboren Schiedam 7-8-1932
     heiratet Rotterdam Cornelia Bouman - geboren Pernis 15-2-1933

    1 Harm - geboren Schiedam 10-3-1957
      heiratet Baarn 8-9-78 Wiepkjen Wagenaar - geboren 13-9-1957
      1 Annemarijn - geboren Soest 1-9-1986
    2 Ronald - geboren Schiedam 7-11-1958
      heiratet Soest 23-12-1983 Irene Louise Slingerland - geboren 4-11-1960
      1 Suzanne Louise - geboren Soest - 30-5-1983
      2 Charlie-Robinson - geboren 21-5-1986

Als meine Großeltern (4) Zacharias und Geertje ihr Söhnchen # CORNELIS über die Taufe halten, haben sie schon 8 Kinder verloren.

Als ein paar Wochen später eine aufsehenerregende Verhaftung bei der Goejanverwelle-Schleuse stattfindet, kümmert sie das kaum – wichtiger ist, ob dieser Cornelis (ihr vierter) am Leben bleibt...

22. April 1787

← Diese Art Mützen trugen die Frauen damals. Später entwickelte sich daraus die Haube:

1850

1875

1900

Das ernste Schwarz kam erst später auf.

Tagsüber lag Cornelis in seiner Wiege – einem fürchterlichen Ding – viel zu tief am Boden – immer Zugluft!

Die Schnuller

Nachts schlief der Kleine in dem engen Alkoven über den ungewaschenen Füßen seiner Eltern.

Wenn er weinte, bekam er von seiner Mutter einen „Schnuller". Man weichte Brot in Milch ein, tat Zucker dazu und legte den Brei in Häufchen auf viereckige Baumwolläppchen, die mit einem Faden zugebunden wurden.

Hörte das Kind nicht auf zu weinen, dann würde so ein Schnuller in Branntwein getaucht. Wenn das Kind etwa 4 Monate alt war, kam Mohnsamen aus Schlafmohnkapseln hinein (es wurde einfach betäubt).

Pißwindeln wurden früher nicht gewaschen – nur getrocknet.

135

Am 27. Februar 1795 fallen ihm vor Staunen fast die Augen aus dem Kopf! (Genau wie mir 1940).
221 Mann der französischen Besatzungstruppe treffen in Dirksland ein, um dort einquartiert zu werden.

Aber aus irgendeinem Grund ziehen sie weiter nach Goedereede.

(Dirksland hatte damals 1151 Einwohner).

In den ersten Lebensjahren ging Cornelis als Mädchen gekleidet. Das war damals so üblich.

Das Tun und Lassen der
verdammten Franzmänner
wurde natürlich in aller
Ausführlichkeit von
den Männern an
der Ecke besprochen.
Stoff hatten sie genug

Die Abschaffung der
Folter 1798

Der große Brand
in Sommels-
dijk 1799

Die neue Orgel, die
1804 die Kirche
von Dirksland
bereicherte.

Im Juni 1806
der offizielle
Einzug von
Napoleon
in
Den
Haag

Man mußte damals
sogar bezahlen, wenn man
einen Hund hielt.

van iedere jaghond, drie guldens.
van iedere kar-, werfhond of huishond, dertig Stuivers.

Für jeden Jagdhund drei Gulden.
Für jeden anderen Karren-, Hof- oder Haushund dreißig Stuivers (Fünf-Cent-Stücke — 1½ Gulden).

Erlassen und besiegelt in den Hage, am neunten Oktober des Jahres unseres Herrn und Erlösers tausendachthundert und vier.

Gedaan in den Hage, onder het groot Zegel hier aan doen
hangen, den negensten October, in het Jaar onzes Heeren en
Zaligmakers, duizend agt honderd en vier.

G. B. Emantz

Cornelis ist das einzig überlebende von zehn Kindern, als er im November 1807 neben der Mutter hinter der Bahre seines Vaters geht.

Cornelis ist jetzt 20 Jahre alt.

Er blieb nicht jeden Abend zu Hause bei der Mutter sitzen – er lernte Elisabeth de Groene kennen, und sie verstanden sich so gut, daß sie eilig in den Ehestand traten.

Heiratsurkunde von Cornelis Poortvliet und Elisabeth de Groene vom 13. April 1809.

Heeden den 13ᵉ Van Grasmaandsdag zijn voor ons Schout en Scheepenen van na dat hunne Gewone Huwelijks Proclamatien onverhindert waren gegaan in den Huwelijken staat bevestigt, Cornelis Poortvliet J: M: Geb: en wonende alhier en Elijsabeth de Groene J: D: Geb: te OudBeijerland en wonende onder deeze Jurisdictie.

Doopbg. Eintragung ins Kirchenbuch 1809.

De. 10t. Wintermaand ... Zacharias ... Geboren den 28 November
V. Cornelis Poortvliet
M. Elisabeth Groen.

Ihr erstes Kind wird nur 8 Monate alt.
Eintragung ins Kirchenbuch
Zacharias ... Geboren den 7 April 1811
V. Cornelis Poortvliet
M. Elisabeth Groen
Doopg: Pieternella van Opstal.

Das Kind stirbt, als es 2½ Monate alt ist.

Auch der dritte und vierte kleine Zacharias sterben in der Wiege... Die Menschen haben viele Tränen miteinander geweint.

Und in der Totenstille des weiten Polders hat ein junger Tagelöhner viel Gelegenheit zum Grübeln. Cornelis lädt hier Zuckerrüben auf, die seit kurzem auf Befehl Napoleons angebaut werden müssen.

Die Niederlande sind von Frankreich annektiert worden, mein Opa(3) ist deshalb kein Tagelöhner, sondern ein *Journalier*!

DEPARTEMENT DES BOUCHES DE LA MEUSE.
ARRONDISSEMENT DE Brielle
COMMUNE DE Dirksland.

N. d'ordre de chaque commune.	NOMS.	PRÉNOMS.	Date de la Naissance.	Indication s'ils sont Célibataires	Veufs.	Mariés.	Nombre d'Enfans.	de vieux parens à leur charge.	Profession.
175	Poortvliet	Cornelis	16 avr. 1787	.	.	.	.	.	Journalier

139

CONTRIBUTION
DES PORTES ET FENÊTRES DE 1812

Numéros de la Matrice Cadastrale des Propriétés bâties.	NOMS ET PRENOMS des PROPRIETAIRES	NOMBRE DES				Répartition du contingent.
		Portes et Fenêtres des rez-de-chaussée 1.re et 2.e étages.	Fenêtres du troisième étage et au dessus.	Portes et Fenêtres des Maisons n'ayant qu'une Porte et une Fenêtre	portes cochères et charetières.	
152	Poortvliet (Cornelis) N° 175	8				

Was sich die Mistkerle nicht alles ausdenken!

Jetzt muß mein Großvater (3) Steuern für seine Türen und Fenster zahlen!

Die erwarten, daß wir Französisch verstehen und kriegen selber nicht einmal den Poststempel von Dirksland fehlerlos hin. Ha!

Und ein Ponteneur, ein einfacher Zollbeamter, geht auf der Straße, als wäre er Napoleon in Person!

8 Türen und Fenster hatten sie.

Keinen Maschendraht am Hühnerstall, der kam erst 1893 auf. Und keine Petroleumlampe, denn die erschien erst 1870...

...aber daraus machten sie sich nicht viel, nicht einmal aus den Franzosen. Aber daß keines ihrer Kinder am Leben blieb, das machte ihnen zu schaffen —

Arzneien, Quacksalberkram und Eselinnenmilch änderten nichts daran.

Auch nicht die über Kreuz gelegten Strümpfe, wenn sie zu Bett gingen.

1815 SCHLACHT BEI WATERLOO

und: Maatje wird geboren und bleibt Gott sei Dank am Leben!

Aber alt ist sie nicht geworden – 19 Jahre.

Mit der Heilkunst war es damals nicht weit her. Wenn ansteckende Krankheiten im Dorf umgingen, sprengte man Essig vor das Bett, und um sich vor einer Ansteckung zu schützen, rauchte der Doktor eine schwere Pfeife. Ein Kind mit einer "schwachen Brust" bekam den Hund zu sich ins Bett, damit der die Krankheit auf sich zog.

Ao 1816.

Op den 7ten Juny, zyn, op Belydenis des Geloofs, tot Ledematen aangenomen:

1. Jacobus Gardenier
2. Johanna van de Gevel { E.L.
3. Jan Hanenberg
4. Paternella Krijger } E.L.
5. Cornelis Pootvliet

Nach dem Kirchenbuch von Dirksland

1821 Napoleon stirbt auf St. Helena

Ich habe nie gedacht, daß der Tod Napoleons und die Geburt meines Urgroßvaters (1823) nur zwei Jahre auseinanderlagen.

...der fürchterlich strenge Winter von 1844!!
Die Zisterne eingefroren...
mit einem Kohlenpfännchen die Fenster abtauen...

Und dann noch das Unglück der Kartoffelfäule, die Goeree-Flakkee in Armut stürzte.

Stets veel armoede.
Immer große Armut

Am 30. September 1851 stirbt Elizabeth Groen. Und wieder tritt Cornelis den vertrauten Gang zum Friedhof an...

No. 47 Akte van Overlijden van Elizabeth Groen   21 Feb 13

In het jaar een duizend acht honderd een en vijftig, den dertigsten der maand September zijn voor ons ondergeteekende Pieter Laayer Burgemeester Ambtenaar van den burgerlijken-stand der gemeente DIRKSLAND, Provincie Zuidholland verschenen: Johannes Rooiland oud negenenveertig jaren, van beroep timmerman, bekende van den overledenen en Jacobus van den Hoek oud achtenveertig jaren, van beroep schoenmaker, bekende van den overledenen, wonende beide in deze gemeente, welke ons hebben verklaard, dat op den dertigsten der maand september duizend acht honderd een en vijftig, des morgens ten acht ure, in het huis staande in deze gemeente, numero honderd zeven en negentig is overleden Elizabeth Groen van beroep zonder geboren te Oud Beijerland wonende te Dirksland in den ouderdom van drie en zestig jaren, echtgenoot van Cornelis Poortvliet arbeider wonende te Dirksland, dochter van Gerrit Groen en van Jannetje Feuwkes beide overleden.

En hebben wij hiervan deze akte opgemaakt, welke, na voorlezing, is onderteekend door ons en de declaranten.

P. Laayer   Joh. Rooiland
            J.v.d.Hoek

Sterbeurkunde der Elisabeth Groen

Am 1. Februar 1855 verkündet der Leichenbitter, daß auch Cornelis das Zeitliche gesegnet hat.

No. 5   Akte van Overlijden van *Cornelis Poortvliet*

In het jaar een duizend acht honderd vijf en vijftig, den *eersten* der maand *february* zijn voor ons ondergeteekende *Pieter Zaayer Burgemeester* Ambtenaar van den burgerlijken-stand der gemeente DIRKSLAND, Provincie Zuidholland verschenen: *Cornelis Soldaat* oud *negenenveertig* jaren, van beroep *arbeider, gebuur,* van de overledene en *Hendrik van Breda* oud *vijfentwintig* jaren, van beroep *arbeider, gebuur* van de overledene, wonende beide in deze gemeente, welke ons hebben verklaard, dat op den *een en dertigsten* der maand *January* duizend acht honderd vijf en vijftig, des *middags* ten *twee* ure, in het huis staande in deze gemeente, numero *honderd zeven en negentig,* is overleden *Cornelis Poortvliet* van beroep *arbeider* geboren te *Dirksland* wonende te *Dirksland* in den ouderdom van *zeven en zestig jaren, weduwenaar van Elisabeth Groen, zoon van Zacharias Poortvliet en van Geertje Kluit, beiden overleden,*

En hebben wij hiervan deze akte opgemaakt, welke, na voorlezing, is onderteekend door ons *en de declaranten,*

P. Zaayer   C. Soldaat
             H. van Breda

Sterbeurkunde des Cornelis Poortvliet

Etwas Handfestes hat mein Ururgroßvater mir doch hinterlassen: seine Unterschrift!

Der Vater von Cornelis,
mein Großvater (4)

Zacharias Poortvliet

getauft zu Dirksland den 19.10.1738
gestorben "   "   den 28.11.1807

Im Oktober 1738 wurde mein Großvater (4) Zacharias Poortvliet in einer einfachen Tagelöhnerfamilie geboren.

In den ersten Tagen konnte er keinen Finger rühren. Kinder wurden damals ganz fest gewickelt.

Vielleicht wurde er zu warm in Decken eingepackt und war deshalb so ein Heißsporn.

Eine sog. „Butterwiege" zum Buttern.

148

Der Winter 1740 fing ganz gemütlich an... aber dann wurde es kälter und kälter.

... alle Tage kommt Nachricht, daß viele Menschen erfroren sind

... und tot auf den Feldern sitzen.

Die hungrig streunenden Wölfe in Gelderland und Brabant werden immer frecher!

1760 gab es dort eine <u>Wolfsplage</u>!

Doch Zacharias merkt drinnen nicht viel davon.
(Um die Hände frei zu haben, hat seine Mutter ihn in einen Laufstall gestellt.)

Zum Laufenlernen stellte man die Kleinkinder in einen solchen Korb.

Und wenn sie zu laufen anfingen, bekamen sie einen solchen Fallhut aufgesetzt.

Zacharias ist 5 Jahre alt, und die Nikolauslieder klingen ihm noch in den Ohren, als am Sonntag dem 8. Dezember 1743 ein seltsamer Schweifstern am Himmel erscheint – das bedeutet nichts Gutes! In den großen Städten brechen Tumult und Panik aus.

1745 richtete die Rinderpest im Viehbestand schwere Schäden an.

1746 besetzten die Franzosen Sluis und Bergen op Zoom.

Im November 1749 verliert Zacharias seine Mutter

Er ist elf Jahre alt und muß mithelfen, den Lebensunterhalt zu verdienen.

Manchmal als Kleinknecht bei dem Bauern, bei dem auch sein Vater arbeitet, und man kann sich darauf verlassen, daß man beim Bauern arbeiten muß!

Hast du auch Simsons Kräfte
Und Salomo's Gewinn,
Du kannst doch niemals schaffen
Dem Bauern nach dem Sinn.

Das stand bei meinem Onkel Sakries auf der Stalltür.

Hart arbeitende Kinder waren damals ein gewohnter Anblick.

Und auch so ein Gesicht war ganz alltäglich.

Es war üblich, daß Frauen Pfeife rauchten.

Daß Kinder so mit Tieren umgingen, fand jeder ganz normal, und niemand sagte etwas dagegen.

Hier stand über der Tür
Ich wohn hier an der Ecke
und wünsche mir nicht me
Als meines Herrgotts Segen
und Kundschaft wie bisher.

„Wen es juckt, der kratze sich!"
... sehr sauber waren die Leute damals nicht:

Händewaschen, Zähneputzen,
Ist dem Menschen nur von Nutzen;
Doch die Füße wasche selten,
Denn man kann sich leicht erkälten,
Und vor einem hüte dich,
Wasch den Kopf dein Lebtag nicht.
  Vater Cats

Mit pechschwarzen Füßen und verpißten Unterhosen krochen unsere Vorväter in die Federn... ha!

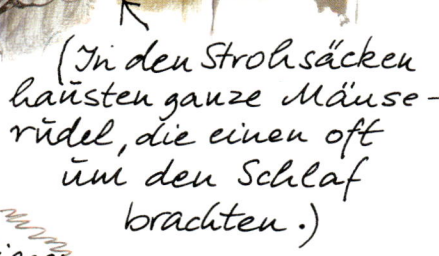

(In den Strohsäcken hausten ganze Mäuserudel, die einen oft um den Schlaf brachten.)

Schaf- oder Ziegenfell

Noch schlimmer:
Am hellichten Tag hockten sie sich zum Scheißen einfach auf die Straße!
Zu jeder Tagesstunde sah man sturzbesoffene Leute — es wurde eine Menge gesoffen!

Doch in Amsterdam ging es am tollsten zu!
Da konnte man fast jeden Tag auf dem Damm zugucken, wie Missetäter bestraft wurden. Das machte den Leuten großen Spaß.

Das Amsterdamer
HURENTUM
Über die Listen und Schliche, deren sich Herren und Hurenwirtinnen bedienen, nebst deren Lebensweise, politische Streiche und alledem, was bei diesen Frauenzimmern üblich ist.

Achte verbesserte Ausgabe

Zu AMSTERDAM gedruckt von A. GIOEJET, Buchhändler am Overtoom
1782

Aber am sonderbarsten fanden die Leute aus Flakkee in Amsterdam wohl dies:↓ Eine Fracht auf Kufen zu schleifen, wo doch jedes Kind weiß, daß es auf Rädern viel leichter geht und daß ein Pferd so viel besser ziehen kann↑ als so!!↓

1751

Als Zacharias 13 Jahre alt ist, kann er mit seinen Freunden <u>zu Fuß</u> Goedereede erkunden!

Denn damals wurden Westvoorne und Zuidvoorne durch einen Damm miteinander verbunden.

(Dirksland hat nun ±1000 Einwohner).

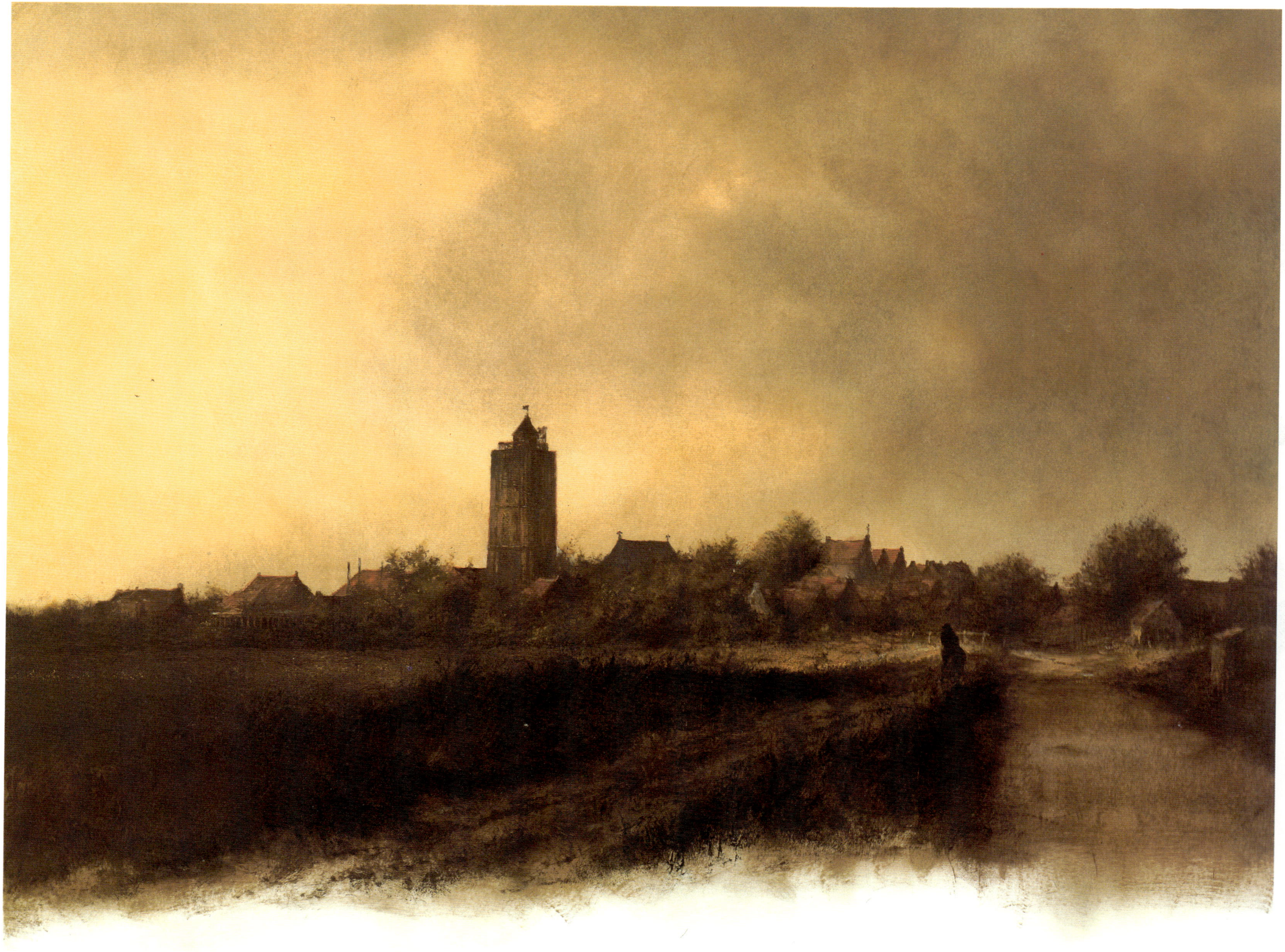

13 jährige Jungen konnten sich dort ohne weiteres umsehen.

Aber Burschen, die auf Freiersfüßen gingen, blieben besser weg!!

Glücklicherweise lernte Zacharias Geertje Kluyt, ein Mädchen aus seinem Dorf kennen und heiratete sie - recht spät für die damalige Zeit - als er 31 Jahre alt war. Hier der Beweis:

1769
den 20 Jan: Ondertrouwt
Zacharias Poortvliet J:M.
getrouwt den
19 Febr:
Geertje Kluyt J:D
byde hier geboren en woonende

Am 30. Dezember 1770 wird Maatje, ihr erstes Kind, getauft. (Tags darauf wieder ein Fest: in Öl gebackene Krapfen!)

Das Kind wird nur 2½ Jahre alt. Alle Kinder meiner Großeltern (4) sterben jung... nur mein Opa (3) Cornelis, ihr zehntes Kind, bleibt am Leben.

So haben meine Großeltern (4) neunmal das Haus verlassen.

„Dort werden mehr Kälberfelle als Ochsenhäute zu Markt gebracht", sagte man damals.

KLAGE

DES KLEINEN

WILLEM

BEIM TODE SEINES SCHWESTERCHENS

Meine Schwester ist gestorben,
war kaum vierzehn Monde alt.
Ich sah sie tot im Sarge liegen,
ach, wie war das Kindlein kalt.
Und ich rief: mein liebes Mietje!
Mietje! Doch sie hört mich nicht.
Ach! Die Äuglein sind geschlossen.
Tränennaß ist mein Gesicht.

Aus den „Kindergedichten" von Hieronymus van Alphen, 1778.

10ᵗᵉ February 1785.

Mein Opa⁽⁴⁾ wird eingezogen zur

de burger wagt van Dirksland
Bürgerwehr von Dirksland

Zum Seekadetten ernannt und angestellt wurden folgende Personen

Tot Adelborsten benoemd en aan gesteld de volgende persoonen.

Luendert Olijman
Cornelis Kruijtlof
Anthonij de Witt
Dangeman van den Sluis
Jan Ranke
Jan Looij
Zacharias Poortvliet ←

Nach dem Militärischen Museum müßte mein Großvater diese Uniform getragen haben, aber wenn man dann in der Dienstvorschrift liest:

Niemand zal met houte klompen aen de voeten op de wagt moeten koomen off Heeren Wildezen
Niemand soll mit Holzschuhen an den Füßen zur Wache kommen und im Schilderhaus stehen...

Niemand zal vermogen dronken ter wagt te koomen
Niemand soll betrunken zur Wache kommen...

dann fürchte ich, daß die Nachtwache von Dirksland nicht gerade vorschriftsmäßig aussah!

1787
April
Den 22ten
Het kind Cornelis
Vader Zacharias Poortvliet
Moeder Geertje Kluyt
Getuige Pieternella Poortvliet

Auszug aus dem Kirchenbuch:

1787   Das Kind Cornelis
den 22. Vater Zacharias Poortvliet
April   Mutter Geertje Kluyt
        Taufzeuge Pieternella Poortvliet

Ihr zehntes Kind, mein Ururgroßvater, wird getauft.

1795 ist das Jahr der
„samtenen Revolution"
Französische Besetzung
Beschlagnahme der Pferde
auf Flakkee.

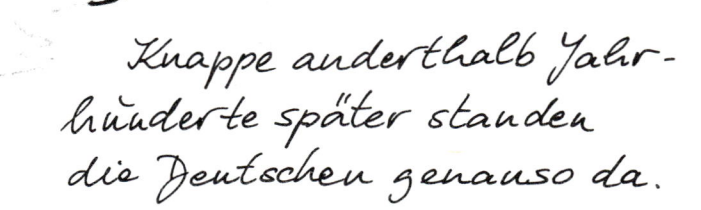

Knappe anderthalb Jahr-
hunderte später standen
die Deutschen genauso da.

Het vruchtbaar DIRKSLAND, is zeer oud;
Legt aangenaam, zindelijk, wel bebouwd,
'T Dorp heeft daar bij tot nut een Haven,—
Die dorp- en veldlings winst' doem staaven.

Im Bild: Das Dorf Dirksland

Das fruchtbare DIRKSLAND ist sehr alt,
Ein schön gelegener Aufenthalt.
Der Hafen ist den Dörflern wert,
Weil er Gewinn und Ansehn mehrt.

1798 saß eine Dame auf dem Oosthavendijk und malte ein Bild von Dirksland, was den Dorfleuten sicherlich nicht entgangen ist!

Anna Brouwer machte die Zeichnungen für das Buch „Beschreibung der Städte und Dörfer".

Datum der Aangeving.	Datum van 't Overlijden.	Naam.	Ouderdom.	Precise Woonplaats.
1807 Novemb 21	21 Nov?	Pieter Zoon van Bastiaan Jongeblaed en Cornelia Kalle	6¼ M.	Dirksland
— 28	28 Octo	Zacharias Poortvliet	70 Jaar	—

Auszug aus dem Kirchenbuch

Am 30. November 1807 ist die Beerdigung von Zacharias, Sohn des Großvaters 5)

Cornelis Simonsz Poortvliet

1709 – 1772

Cornelis Simonsz Poortvliet wird im Jahr 1709 geboren. Er ist 23 Jahre alt, als bei Oude Tonge dieser Bauernhof namens „Bouwlust" gebaut wird.
Der Bauernhof steht noch heute...

Der Alkoven in der Mägdekammer liegt genau über der Kellertreppe, so daß er einen schiefen Boden hat! Aber das machte damals nicht viel aus, denn man schlief halb im Sitzen.

Abergläubisch wie die Leute damals waren, fanden sie es zu riskant, sich flach hinzulegen – das hieß einfach den Tod heraufbeschwören... also schliefen sie so.

Und sie hatten Schiß, wenn sie eine Eule auf dem Dach hörten.

Man gab sich nicht mutiger, als man war: wenn eine schwarze Katze über den Weg lief, legte man schnell ein Kreuz aus Zweigen auf die Straße

Wie war das doch neulich in Ouddorp? Einer frechen schwarzen Katze schlug man die heiße Bratpfanne um die Ohren. Und denkt euch, jemand, der längst der Hexerei verdächtig war, lief anderntags mit verbranntem Kopf herum!

Mit schwarzen Katzen konnte man nicht vorsichtig genug sein.

Alten Weibern durfte man auch nicht immer trauen...

...es gab zu viele Fälle von toten Sauen und lahmenden Pferden, die einem merkwürdig vorkamen!

Es gab viele, die mit eigenen Augen abends eine Hexe fliegen gesehen hatten, in Richtung Sommersdijk, wo auf der Klosterwiese der Hexen-Sabbat stattfand.

Zur Zeit meines Großvaters Cornelis Symonsz diente die Hexenwaage in Oudewater noch nicht zur Unterhaltung der Touristen!

Eine ganz simple Probe: Wenn man im Kopfkissen des kranken Kindes einen Federnkranz entdeckte, war Zauberei im Spiel.

Wenn man eine mit Stecknadeln gespickte schwarze Henne in kochendem Wasser untertauchte, mußte die Hexe sich zu erkennen geben.

Im selben Jahr, in dem „Bouwlust" gebaut wurde (und Joh. Seb. Bach seine Kaffee-kantate schrieb), wird in Dirksland an der Wassermühle gearbeitet,

und Cornelis Symonsz hat Heiratspläne,

aber kein Geld, wie aus diesen Papieren hervorgeht:
Kostenloses Aufgebot:

1736
24! feb

Dirksland, der Anfang des Boezems

1736 Eintragung ins Kirchenbuch:

getrouwt den 18 maert

Das bedeutet gratis, wegen Armut.

167

Kammerschleuse in
Dirksland

Das meiste Baumaterial, auch die schweren Steine der Kirche in
Dirksland, kam per Schiff zur Kammerschleuse von Dirksland, die heute so aussieht.

Am 24. November 1749 stirbt meine
Großmutter 5 Maatje.
Cornelis bleibt mit 4 Kindern zurück.

Innerhalb von 3 Monaten heiratet er
Burgje (er wird wohl schon vorher ein
Auge auf sie geworfen haben).
Sie stirbt am 17. Januar 1758.

Im März gerät Cornelis Symonsz
 in Schwierigkeiten →

Wie aus dem Dokument auf dieser und der nächsten Seite hervorgeht, bestimmen Schultheiß und Schöffen von Dirksland, daß Cornelis nach dem Tode seiner Frauen Maatje und Burgje seine fünf minderjährigen Kinder mit Speise und Kleidern versehen und sie lesen und schreiben oder ein ehrlich Handwerk erlernen lassen muß. Als Erbteil muß er ihnen je sechs Gulden und sechs Stuiver ausbezahlen.

Op heden den 10en Maart 1758 Agt en Vijftig
compareerde voor 't Collegie van Schout en Scheepenen van Dirksland als Weesmeesteren aldaar
Cornelis Poortvliet, bevorens Weduwenaar van
Maaytje Zachariasdr van der Graef en nu van Burgtje
Johannisdr van Es, te kennen gevende dat hij bij
de eerstgemelde sijne huisvrou heeft geprocreëert
vier kinderen met namen Zacharias, oud 18 jaren,
Neeltje oud 15 jaren, Pieternella, oud ontrent 12
jaren en Arend oud 10 jaren, en bij de laatst
gemelde sijne huisvrou een kind met name
Johannis, oud 4 jaren; Dat beide sijne voorn: huis-
vrouwen in haar leven zonder Testament te hebben
gemaakt, deser waerelt sijn komen te overlijden,
Dat hij Compt: tot nog toe met de naaste bloed
verwanten van voorn: kinderen noodera Zijde
over 't moederlijks bewijs en Effort: van de voorn:
minderjarige kinderen tijdes n.d. ... niet hadde
geaccordeert, deshalven zijn wij Schout en
Scheepenen van Dirksland voorn: met denselve
overeengekomen en Verdragen, Dat hij Compt:
sijne voorn: Agt minderjarige kinderen zal
moeten alimenteeren en van alle nodige lijf-

169

Das sind die Münzen, die mein Großvater so dringend gebraucht hätte.

4 Wochen später heiratet er Maria van der Geevel, seine dritte Frau, wieder „ohne einen Cent".

Auszug aus dem Kirchenbuch:

1758

den 17 | Cornelis Poortvliet Wed.
— | van Sijntje van La-
— | voet aang.: van is den
— | Sondaghs: Getraut is
— | t' Loden met Maria van de
— | Gevel j: D: bij de sluis
— | woonagtig sij v. alexan-
— | t: gehad van de ouders nog: ...

behoeftens des voorn: Zn. in spijs, drank, deksel, deselve laten leren lesen, schrijven en cijfferen, mitsgaders een bequaam ambacht of andere eerlyke Exercitie, waarmede sij de kost sullen kunnen winnen en sulks tot hunne mondige dagen, eerder huwelyken ofte andere geapprobeerde Staten en daaren boven aan ijder van deselve uit keeren Ses Gulden, ses stuivers in plaats van de voorn: kinderen reghte moederlijk bewijs. Dat bij Comp.t daarentegen sal blijven in het geniete besit van den geheelen Boedel, soo als die althans bij hem Comp.t word geposs., deort en bij sijne voorn: huisvrouw mettet dood sijn nat mint en nagelaten, dus in lasten als in Effecten.

Aldus gedaan in den Raadkamer van Dirksland tinter presente pleno collegio.

H. Schradelaar

Honswaart

Cornelis vanh

Huijnekins

Für die Poortvliet-Kinder ist es aus mit dem schönen Faulenzerleben. Von jetzt an geht's zur Schule, zu Meister Hendrik Schravelaar, der auch dieses Dokument unterschrieben hat.

Die Gemeindeschule von Dirksland auf dem Ring

Tarif:
Lesen lernen 1 Stüver (Fünfcentstück) pro Woche
Dazu noch Schreiben lernen: 2 Stüver und 4 Penninge.
Zusätzlich Rechnen lernen: 3 Stüver und 4 Penninge pro Woche.

Hendrik Schravelaar war von 1729 bis 1768 Schul-, Eich- und Waagemeister, Brotnachwieger, Totengräber und Glöckner für 72 Gulden im Jahr.

„Bist müde du, fern von zu Haus,
komm in den Halbmond, ruh dich aus!"

Das stand über der Tür dieser Taverne auf dem Deich zwischen Dirksland und Sommersdijk.
Mein Großvater[5] kam regelmäßig hier vorbei – ich weiß nicht, ob seine magere Geldbörse ihm erlaubte, der Einladung zu folgen.

Cornelis Simonsz war sicherlich nicht der einzige, der Geldsorgen hatte – überall war große Armut!

„Außen hui und innen pfui" war ein Sprichwort zu jener Zeit.

Heerscharen von Bettlern, Landstreichern, Vagabunden (damals nannte man sie Heiden oder Ägypter) zogen von Dorf zu Dorf.

Mein Großvater [5] durfte im Sommer 1768 ein wenig hinzuverdienen – wie ich in den Kirchenbüchern lese –, er karrte Sand für das Haus des Pfarrers Bartz. Er war damals etwa 60.

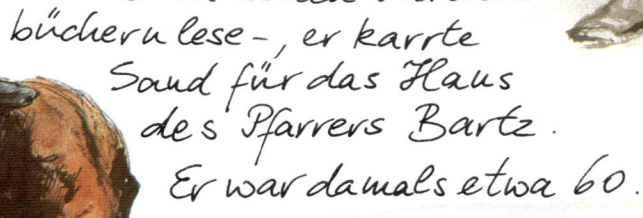

Am 23. März 1772 wird der Spiegel verhängt: Cornelis Simonsz Poortvliet ist gestorben. Er selber hat 2 Ehefrauen und 7 Kinder zu Grabe getragen.

Der 103. Psalm.   PSALMUS CIII.

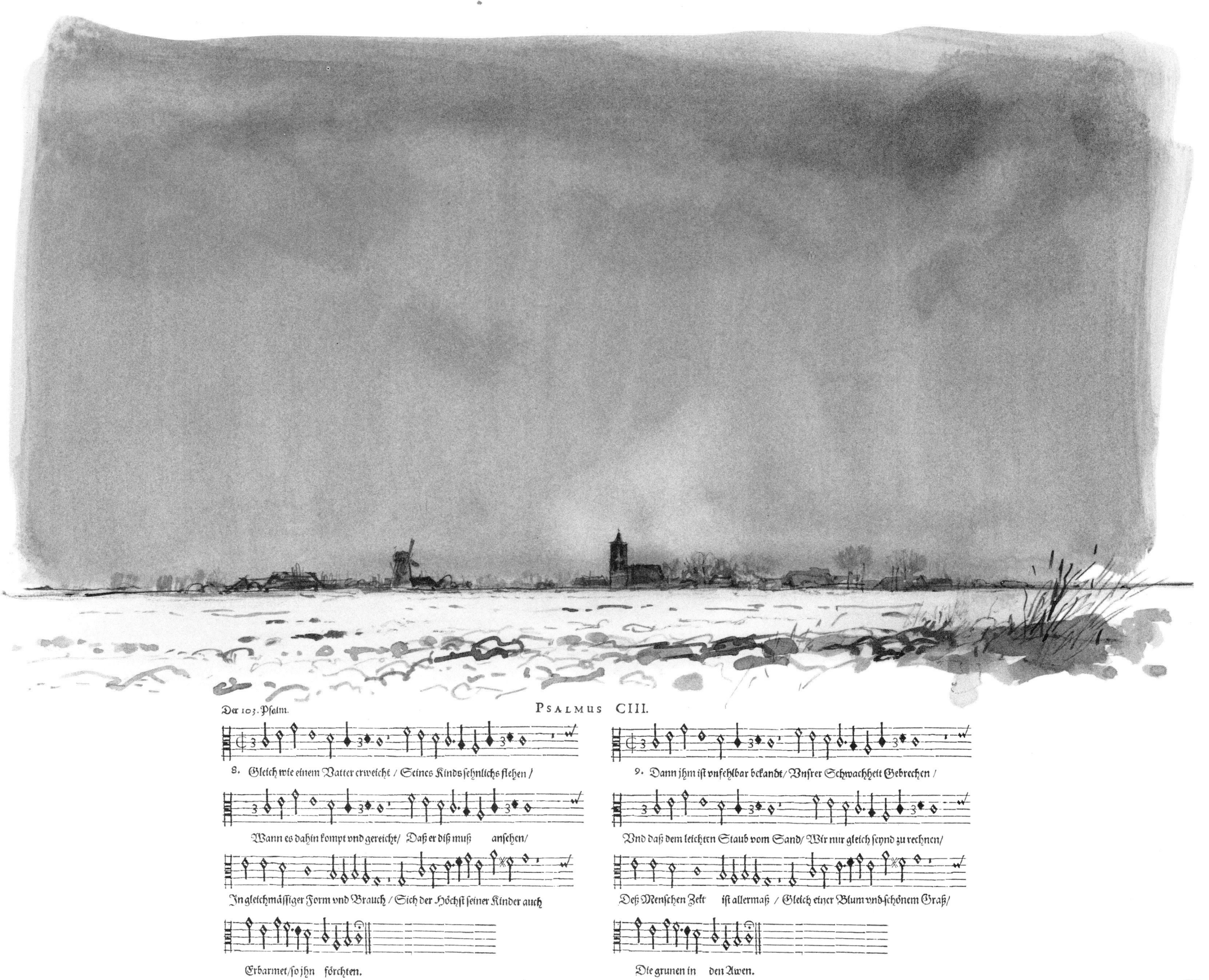

8. Gleich wie einem Vatter erweicht / Seines Kinds sehnlichs flehen/

9. Dann jhm ist vnfehlbar bekandt/ Vnsrer Schwachheit Gebrechen /

Wann es dahin kompt vnd gereicht/ Daß er diß muß ansehen/

Vnd daß dem leichten Staub vom Sand/ Wir nur gleich seynd zu rechnen/

In gleichmässiger Form vnd Brauch/ Sich der Höchst seiner Kinder auch

Deß Menschen Zeit ist allermaß / Gleich einer Blum vnd schönem Graß/

Erbarmet/ so jhn förchten.

Die grunen in den Awen.

Simon Poortvliet

wird am 16. Januar 1684 zu Colijnsplaat (Nord Beveland) getauft.
Als er im Jahr 1704 Pieternella van der Berge heiratet, ist alles in bester Butter..

4 Jahre später fängt der Ärger an.

Pieter Belleman   Frans de Neve   Symon Poortvliet   Adriaentje Münter

Frans de Neeff, Pieter Belleman und Simon Poortvliet arbeiten zu dritt bei einem Bauern.

Die Frau von Frans – Adriaentie – bringt ihnen mittags immer das Essen aufs Feld.

Ohne daß Frans es merkt, "tut sich was" zwischen Adriaentie und Simon. Und das hat böse Folgen, wie hier zu lesen ist. →

Irgendwann in dieser Zeit wird Großvater 5 Cornelis geboren.

Wy Schout ende Schepenen der Prochie ende Heerlijkheijd van Colynsplaet ende Noortbevelandt certeficeeren ende verclaren by desen, dat francois de Neeff, synde onsen borger ende Inwoonder, voor ons is gecomen ende gecompareert, te kennen gevende, dat deßelfs huysvrouwe Adriaentie Dircx Munter synde groff swanger tusschen woonsdagh ende donderdagh des nagts, den 3.e en 4.e april deses Iaers 1709 in stilte is weghgegaen met haer mede nemende den meesten huysraet, een bedde, een kopere ketel, twee stucken linden, veele van deßelfs hemden etc.a mitsgrs. een groote somme gelts: Ende wyders, dat eenen Symon Poortvliet synde aen des comparants huys seer familiaer ende dagelyx converseerende, sigh selven sedert den voors. tijd heeft geabsenteert, verlatende syn vrouw en kint, ende sulcx nadt alle presumptien auteur van dese desertie, ende amotie syner goederen; en alzoo hy comparant geresolveert is geworden deselve te agtervolgen omme waert mogelyck aen syn weggevoerde ende ontnomene goederen te geraken, soo heeft hy dese onse certificatie versogt, dewelcke wy hem gedaen hebben verleenen, om hem te dienen daer hy dese van nooden mogt hebben, aldus gedaen den 15.e april 1709.

Kurzum: Frans de Neeff zeigt an, daß seine hochschwangere Frau bei Nacht und Nebel ausgezogen sei, und daß Symon Poortvliet (der Nachbar, der immer so nett zu Besuch kam) gleichfalls verschwunden sei.
Frans fordert seine Sachen zurück. Über Adriaentie verliert er kein Wort...

Aus irgendwelchen Gründen, die vermutlich damit zu tun haben, wird mein Großvater 6 als Gefangener nach Middelburg gebracht.
Von Colijnsplaat mit dem Pferdewagen nach Kampen und von dort mit der Fähre nach Veere.

Von Veere sind es etwa 6 Kilometer nach Middelburgh.

Da kriegte mein Großvater Symon wenigstens was zu sehen.

Vielleicht konnte er aus dem Bauernwagen einen kurzen Blick auf das Gericht von Zeeland werfen.

180

Hierher wurde Symon eingeliefert:

Das Gravensteen-Gefängnis in Middelburgh.

Und da hielt man sich am besten zurück – nicht umsonst hatten sie dort Daumenschrauben!

Pieternella, seine Frau, und seine Eltern tun, was sie können. →

7. März 1710

Wie aus dem Dokument auf dieser und den nächsten Seiten hervorgeht, bringen sie Zeugen bei, die zu Symons Gunsten aussagen. Das Wichtigste davon auf Deutsch ab Seite 184.

Andries Vebrugt out ontrent 54 Jaar verclaart dat oigschijnl[ijk]
is verscheijde rijsen heeft gesien dat adriaentie Dircx bruijden
gende Huijsvr. van frans de neve, de gedetineerde Symon
poortvliet heeft aenlijding gegeven tot deboseken en
familjaire conversatie.

Claes Lievense out ontrent 40 Jaar verclaard t'selve als bove[n]
vre, ende daar mede confirmerende

Corstiaen Girl out 26 jaar verclaard dat lange jaren met den
voors: Symen poortvliet heeft geweest, en noijt gesien en
heeft bevonden als t'geen eerlijk en betamelijk is.

Pieter Belleman out ontrent 35 jaren verclaert dat inden
jare 1708 frans de neve, en Symon poortvliet met de
deponent lange tijt gevrogt hebbende, heeft gesien dat de
gem.e Adriaentje Dircx het eten soo wel voor Symen als voor
frans bragt Soo dat sij t'samen gemeijnelijk spijsigden.

Grietie Zegers out ontrent 27 Jaren verclaard te
confirmeeren met het voorgestelde van Pieter Belleman
en sulcx mede sulx te hebben gesien.

Jannetie .... Huijsvr. van Hijnd. de Roij out 47 Jaar
verclaard dat inde maand 1709 de voors: adriaentje
dircx des naghts tuschen 11 à 12 uijren aan haar huijs gien
kloppen schrichtend en vragende huijs om een paerjt gre-
ā drij (dat sij seijde op de strad stond) weg te brengen
seggende grote haast hadd medt helpende de paerde
inspannen.

Anna Cuiters huijsvr: des voorn: goeree out 40 jaar
verclaerd dat gisteren seer aen haer huijs verscheijde rijss is
gekomen uijt naem van sijn vrouw Adriaentie, dat de deponente
bij haer soude komen, voorgevend sulck te wegen, dat de
deponente verseijd rijss door de voorn: Adriaentie wierd goed

aengeboden, omden althans gedetineerde Sijmon Pootvliet
te halen, Sulcx de deponente althoos heeft geweijgert
franco de rev__, en sij Adriaentie selfs de gedetineerde
aldaer halende, de familjaer daer mede scheerde.

Wijders verclaerde de deponente dat gesien heeft
dat de voorn: Adriaentie dickels eenig vergift, regael
genaemt, inde hand hadde, seggende haer selvs te
kort te willen doen, ’t het regaal te willen innemen
de deponente het pampiertie met regaal uijt haer
hand nam, en wegsmeet.

Compareerde mede Pieternella Sijmons, Ondepeternelle
Pieters moeder, inde vrouw vanden gedetineerde
versoeckende beijde dat de gedetineerde sijne misgreep
moge werden vergeven, biddende de Heeren regters
daer ook om genade en geen regt etc.

Verclarende alle ’tgene voorsn waer en waaragtig te
wesen, ende des noots ’tselve met eede te
sullen bevestigen, Actum Ooijensplaet des 7de Maert
1710 present d’Heeren Daniel Rademaker en Jacob
oostgouk Schepenen.

Andries Verburgt, etwa 54 Jahre alt, erklärt, daß er mit eigenen Augen mehrere Male gesehen hat, daß Adriaentie Dirxse Munter, ehemalige Ehefrau von Frans de Neve, dem inhaftierten Symon Poortvliet Anlaß gegeben hat zu Zärtlichkeiten und vertraulichem Gespräch.

Claes Lievensse, etwa 40 Jahre alt, erklärt dasselbe wie der obige und bestätigt dieses.

Corstiaen Veel, 26 Jahre alt, erklärt, er habe lange Jahre mit dem vorgenannten Symon Poortvliet verkehrt und niemals etwas anderes an ihm gesehen und gefunden, als daß jener ehrlich gewesen sei und sich schicklich verhalten habe.

Pieter Belleman, etwa 35 Jahre alt, erklärt, daß im Jahre 1708 Frans de Neve und Symon Poortvliet lange Zeit mit dem Zeugen zusammen gearbeitet haben, wobei er gesehen habe, wie die genannte Adriaentie Dirxse sowohl dem Symon als dem Frans Essen aufs Feld brachte, so daß sie zusammen gemeinschaftlich speisten.

Gretie Zegers, etwa 57 Jahre alt, erklärt, die Aussage von Pieter Belleman zu bekräftigen und solches ebenfalls gesehen zu haben.

Jannetie, Jans van Someren, Ehefrau von Hijndrik de Roy, 47 Jahre alt, erklärt, daß in der Osterwoche 1709 die vorgenannte Adriaentie Dirkx nachts zwischen 11 und 12 Uhr an ihrem Haus geklopft und versucht habe, einen Wagen zu mieten, um ein Bündel für den Mietpreis von drei Schellingen (das wie sie sagte, auf der Straße stand) fortzuschaffen. Sie sagte, diese sei in großer Eile gewesen und habe mitgeholfen, die Pferde einzuspannen.

Der nächtliche Trubel, von dem Jannetie de Roy erzählte.

Die Geschichte von Anna Munters ist auch nicht übel.

Adriaentie will sich das Leben nehmen, indem sie „Regael" (Rattengift) schluckt. Anna kann es gerade noch verhindern.

So machen verschiedene Zeugen ihre Aussage zugunsten von Symon Poortvliet.

Anna Munters, Ehefrau des Cornelis Goeree, 40 Jahre alt, erklärt, daß Frans de Neve verschiedene Male zu ihrem Haus gekommen sei und im Namen seiner Frau Adriaentie gefordert habe, daß die Zeugin zu ihr komme, da sie angab krank zu se[in] und daß die vorgenannte Adriaentie der Zeugin mehrmals Geld angeboten habe, damit sie den jetzt inhaftierten Symon Poortvliet hole, was die Zeugin jedoch verweigert habe.
Frans de Neve und sie, Adriaentie selber, haben die Zeugin oft getroffen und freundschaftlich mit ihr verkehrt.
Ferner erklärt die Zeugin gesehen zu haben, daß die vorgenann[te] Adriaentie Dirkx ein gewisses Gift, Regael genannt, in der Ha[nd] hielt und sagte, sich selbst ein Leid antun zu wollen und das Regael einzunehmen, woraufhin die Zeugin ihr das Papier mit dem Regael aus der Hand nahm und wegwarf.

Jan Poortvliet den Ouden | Pieternella Simons | Pieternella Pieters | Andries Verburght | Coertiaen Veel | Claes Lauwensse

Grietie Lapers | Pieter Belleman | Jannetie de Roy | Anna Muntets

Und bitten die Richter um Nachsicht für die Vergehen von Symon, damit sie Gnade vor Recht ergehen lassen ...

Wann Simon wieder ein freier Mann
war und Walcheren verlassen durfte, ist nicht bekannt.

Ob ihm der Boden zu heiß unter den Füßen wurde? Jedenfalls: Simon packt seine Siebensachen und verläßt Zeeland. So sind wir also auf Flakkee gelandet.

1714 taucht er in Dirksland auf, wo er sich als Witwer von Pieternella mit Adriana verheiratet. Dick hatten sie es nicht.

Den 21 Septb 1714

Simon Poortvliet wedn̄. van Pieternella van den Berg met Adriana Tanis j.d. beide woonende in di[t]...

11ᵉ Decemb. Bill: Prodeo gegeven om Symen Poort vliets kint alhier te begraven. — Memorie

Kostenloses Aufgebot von Symon Poortvliet und Elisabet van de Langstraat.

Wed.ʳ van ad...
van...
d's 29.ᵈ Dito geeft aan Simon Poort, Vliet om in den huywelyks staat te treeden met Lysabet vande Lang, straat beyde Woonende alhier en Schaat te gegeven onder Plassis van onsvrmogens dus — Prodo.

Den 26ᵉⁿ April 1726 geeft aan Simon Poort vliet om 't lyk Van syn Cint te begraven en Schaat te gegeven onder Plassis van onsvrmogens dus — Prodo.

Am 31. Oktober 1730 stirbt Simon, dessen Schelmenstreich so anschaulich in den alten Büchern erhalten geblieben ist.

Jan Jansz
Poort-vliet.

1650-1724

↑
Handzeichen von Jan Jansz

Er sieht sich schon in solcher Kleidung...

in solchen feinen Hosen!

"Schau die blöden französischen Affen."

← Könnte Jan Jansz Poortvliet so ausgesehen haben? Wer mag das sagen – jedenfalls nicht so lächerlich wie sein Zeitgenosse Ludwig XIV.

Auch nicht so vornehm wie diese jungen Herren. →

Über die Kleidung unserer einfachen Vorväter ist wenig bis gar nichts bekannt:

Der kleine Mann brauchte jedes Stückchen Textil bis zum letzten Faden auf - nichts davon ist je in einem Museum gelandet.

Auch mein Großvater 7 Jan Jansz
wird wohl Landarbeiter gewesen sein,
vielleicht Knecht auf einem solchen
Bauernhof. —

Ich kann nicht leugnen, daß mein Großvater recht
unfreundlich dreinschaut —
   etwa so: „Was willste denn?"
Aber vergessen wir nicht: In jenen Tagen trieb sich
viel Gesindel herum!

Konnte man den Leuten trauen, die da
auf den Hof kamen, oder waren es
Taugenichtse, die sich nach
Beute umsahen?
Das war nicht immer gleich
zu erkennen...

...und den
Brillenjuden
oder den Ratten-
fänger brauchte
man hin und wieder
doch –

Und wenn es nicht die Brille war oder um die Ratten Mores zu lehren, so doch
wegen der Neuigkeiten!

Als Zugabe zu den gekauften
Waren bekam man die
schönsten Geschichten in aller
Ausführlichkeit erzählt:
Michiel de Ruyters wunder-
same Fahrt nach Chatham,
Rembrandts Tod, und wie die
Gebrüder Witt ums Leben kamen!

Und für einen kleinen
Happen bekam man noch
ein pikantes Histörchen
aus der Nachbarschaft drauf.

Morgens aßen die Leute Brot mit Frühstücksfisch (gebackener Stint) oder ein in Öl gebratenes Ei und tranken dazu warmes oder kaltes Bier, manchmal auch Buttermilch.

Maatje nimmt die Teller vom Tellerbrett.

Was vom sonntäglichen Stück Pökelfleisch übriggeblieben war, wurde anderntags zum Mittagessen wieder aufgewärmt. Es gab gebratene Zwiebeln, braune Bohnen mit ausgelassenem Speck, Grünkohl, „Brollepot", ein Eintopfgericht aus Grütze, und natürlich Brot, denn man aß mit Messer und Brot. Die Gabel war kaum bekannt, und der Löffel wurde zum Auffüllen der Teller benutzt.

Für den letzten Soßenrest auf dem Teller nahm man den Löffel, den man anschließend dem Nachbarn weitergab.

Nach der Mahlzeit wurde ein Stück aus der Bibel vorgelesen und ein Psalm gesungen.

Vater und Mutter saßen beim Essen – die Kinder standen.

Außer der Heiligen Schrift las man auch gern die Werke von Vater Cats.

In Colijnsplaat gab es keinen Buchladen – Bücher kaufte man vom Hausierer an der Tür –

Er verkaufte auch Wachstafeln und ABC-Täfelchen für die Schuljugend. Auf der Schule lernte man nicht besonders viel: zuerst das Alphabet, dann die Zehn Gebote und den Katechismus, das Vaterunser, über die Taufe, ein Morgengebet zum Aufstehen, eines zum Schlafengehen und ein Tischgebet. Außerdem ein bißchen Rechnen.

Alles in allem vielleicht doch mehr, als man heutzutage auf den meisten Schulen mitbekommt.

ABC-Brettchen

„Die Psalmen sollen sie singen mit hellen Kehlen".

Und sie sangen auch die Lieder von Valerius, der Bürgermeister in Veere war: „O Herr, der da des Himmels Zelte breitet", „Glücklich ist das Land", und „Wir treten zum Beten..."

Und natürlich sangen sie, wenn sie am Nikolaustag die Schuhe vor den Kamin stellen durften: „Nikolaus, du heiliger Mann, zieh die beste Kutte an"

Auch auf der Hochzeit (1670) von
Jan Jansz und Pieternella wurde viel
gesungen.
Sie sehen hier meinen Großvater 7 mit seiner Bräutigamspfeife.

Anno 1672
den 26. Juni

sind nach Ablegung des Glaubensbekenntnisses
in die Gemeinde aufgenommen worden:

Jan Linxt in der Voorstraat
Jan Janz Poortvliet in der Oostagterstraat

Vater, Mutter und 3 Kinder.

Liste der Dienstboten, in der die Namen jener Personen eingetragen sind, die Knechte und Mägde sowie Verwalter, Kuh- und Schafhirten beschäftigen; ferner die Namen dieser Bediensteten mit der Anzahl ihrer Familienmitglieder, wobei Kinder zwischen 4 und 10 Jahren als halbe Person gelten.

Ihr siebtes Kind war mein
Großvater 6 Simon (1684).
Im Jahr darauf wurden
Johann Sebastian Bach und
Georg Friedrich Händel
geboren.
In dem geflochtenen Lie-
gestuhl wurden die
Kinder gestillt,
und das grüne
Ding ist der
Windeltrockner.

1688 bezahlt Jan die von der
Armenkasse geliehene Summe
mit Zinsen zurück:

19. November 1688

Empfangen von Jan Poortvliet dasjenige,
was ihm am 5. Mai 1686
in seiner Not geliehen wurde,
samt den Zinsen £ 1:11:4

(1 Pfund, 11 Schellinge, 4 Grooten)

1695 ist Großvater ? Hausbesitzer:
Er hat einen sog. Pay-brief auf seinem Haus (Hypothek)
von den „Armen der Kirche".

1695
13. November

Empfangen von Jan Poortvliet
die zwei Pfund, die die Armenkasse
auf die Hypothek seines Hauses
vorgeschossen hatte, mit £ 2:0:0
Zinsen derselben.

Mähen, Heuen, in den Scheunen
hoch die Erntefrüchte streuen,
Schafescheren, Euterdrücken,
Sieben Kinder und ein Weib
Sind sein täglich Zeitvertreib.

Das Leben des einfachen Mannes.
Das von Jan Jansz Poortvliet
wird nicht viel anders
gewesen sein.

Mein Großvater *
Jan Cornelißß poitolielt
dürfte etwa zur gleichen Zeit
wie Rembrandt van Rijn
geboren sein — 1606

Es sieht so aus, als
sei Jan Cornelisz ein
anständiger Kerl
gewesen.

(Erst wenn man irgend-
wie auf Abwege gerät,
wird der Name in
den Kirchenbüchern
erwähnt).

Das ist das Dorf,
in dem er wohnt:
Colijnsplaat.

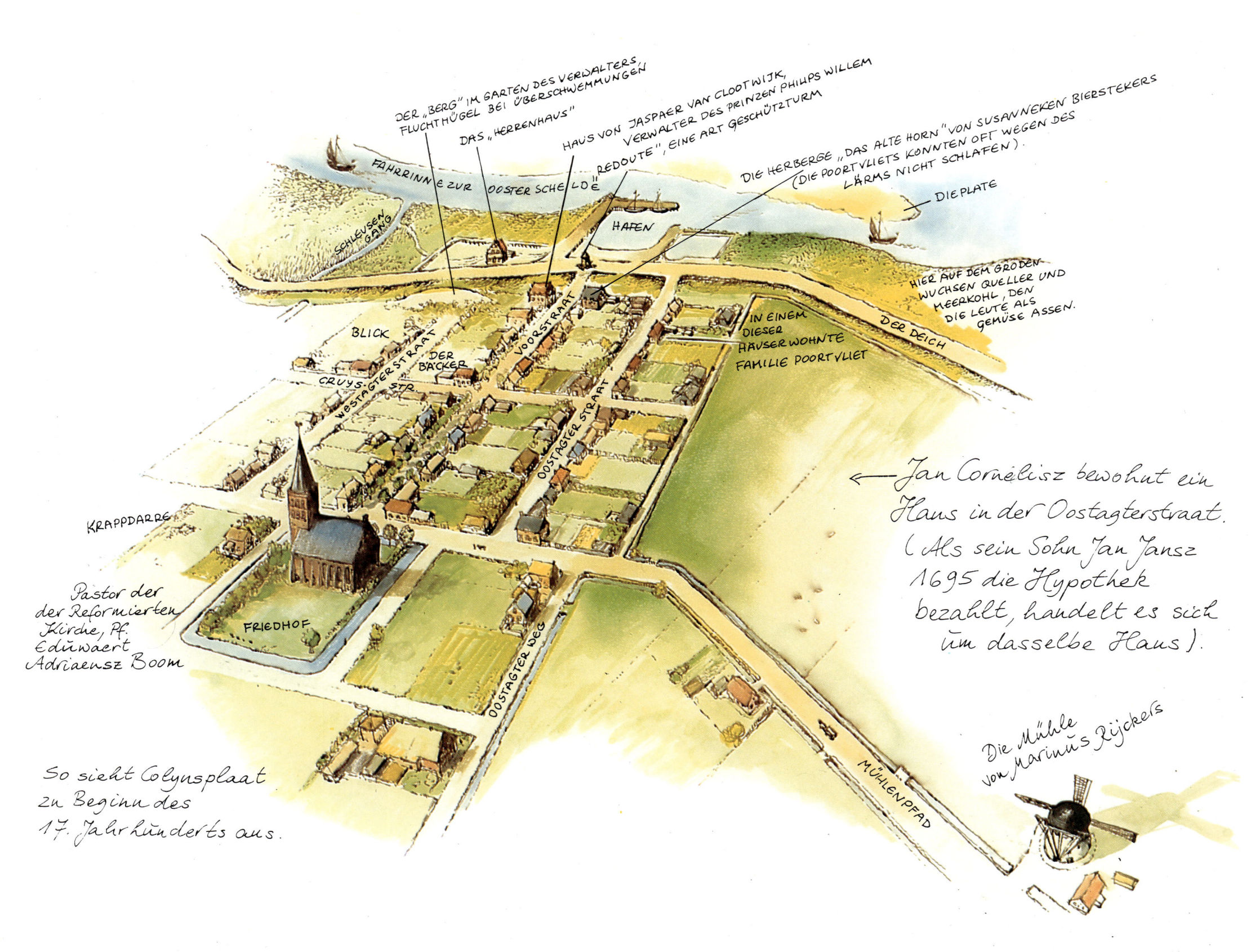

DER "BERG" IM GARTEN DES VERWALTERS, FLUCHTHÜGEL BEI ÜBERSCHWEMMUNGEN

DAS "HERRENHAUS"

HAUS VON JASPAER VAN CLOOTWIJK, VERWALTER DES PRINZEN PHILIPS WILLEM

"REDOUTE", EINE ART GESCHÜTZTURM

DIE HERBERGE "DAS ALTE HORN" VON SUSANNEKEN BIERSTEKERS (DIE POORTVLIETS KONNTEN OFT WEGEN DES LÄRMS NICHT SCHLAFEN).

DIE PLATE

FAHRRINNE ZUR OOSTER SCHELDE

SCHLEUSENGANG

HAFEN

HIER AUF DEM GROOEN WUCHSEN QUELLER UND MEERKOHL, DEN DIE LEUTE ALS GEMÜSE ASSEN.

DER DEICH

BLICK

CRUYSSTR.

WESTAGTERSTRAAT

DER BÄCKER

VOORSTRAAT

IN EINEM DIESER HÄUSER WOHNTE FAMILIE POORTVLIET

OOSTAGTERSTRAAT

KRAPPDARRE

Pastor der der Reformierten Kirche, Pf. Eduwaert Adriaensz Boom

FRIEDHOF

← Jan Cornelisz bewohnt ein Haus in der Oostagterstraat. (Als sein Sohn Jan Jansz 1695 die Hypothek bezahlt, handelt es sich um dasselbe Haus).

OOSTAGTER WEG

MÜHLENPFAD

Die Mühle von Marinus Rijckers

So sieht Colynsplaat zu Beginn des 17. Jahrhunderts aus.

So ungefähr sah der Baustil jener Zeit aus (± 1600). Man baute keine Holzhäuser mehr, da sie zu leicht in Brand gerieten.
Eine Pioniersiedlung wie Colijnsplaat wurde solide gebaut;
Bauvorschriften:

„Recht ansehnliche Wohnhäuser mit Mauern aus Stein oder zumindest vorn und hinten mit einem Steingiebel und einem Kamin aus Stein und hartem Dach, solcherart jeder für sein Teil versprechen muß."

Es wurden nur wenige größere Häuser gebaut.
Für Verwalter van Clootwijck und Pastor Boom zum Beispiel.

Die meisten Häuser sahen etwa so aus. →

Pastor Boom steht hier im Garten hinter seinem Haus und denkt sich eine kräftige Donnerpredigt aus.

So ein hochgezogenes Lebens-
mittelschränkchen war für das
Ungeziefer unerreichbar.

Die hübschen Möbel im
Haus des Verwalters…

und der
Hausrat
meiner
Vorfahren.

Stuhl mit Binsensitz	Blockstuhl	Armlehnstuhl	Eckstuhl	Dreibeinstuhl	Faßstuhl	Kackstuhl	Predigtstühlchen

Klappbarer Rundtisch · Schemel · Dreibein · Faßtisch · Untergestell

Kastenschrank · Torfkasten · Kerzenkasten · Wiegenkufen

Truhe · Bettgestell

Solche Möbel hatte man damals.

Äußerst wichtig war der Herd!

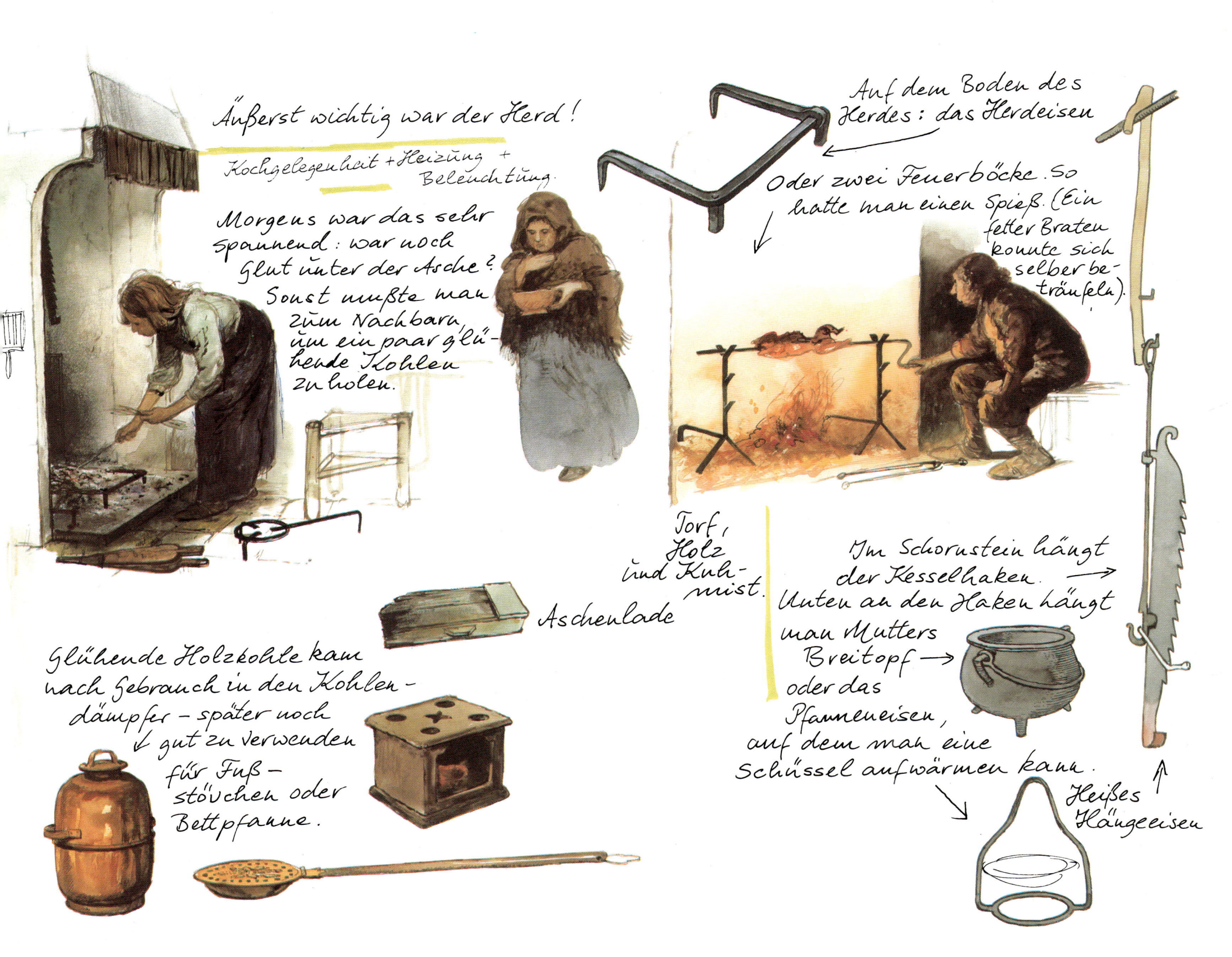

Kochgelegenheit + Heizung + Beleuchtung.

Morgens war das sehr spannend: war noch Glut unter der Asche? Sonst mußte man zum Nachbarn, um ein paar glühende Kohlen zu holen.

Auf dem Boden des Herdes: das Herdeisen

Oder zwei Feuerböcke. So hatte man einen Spieß. (Ein fetter Braten konnte sich selber beträufeln).

Torf, Holz und Kuhmist.

Aschenlade

Glühende Holzkohle kam nach Gebrauch in den Kohlendämpfer – später noch gut zu verwenden für Fußstövchen oder Bettpfanne.

Im Schornstein hängt der Kesselhaken. Unten an den Haken hängt man Mutters Breitopf oder das Pfanneneisen, auf dem man eine Schüssel aufwärmen kann.

Heißes Hängeeisen

Die Scheunen und Ställe der Häuser in der Voorstraat.

Drinnen sah alles ganz nett aus, aber draußen auf der Oostagterstraat war tiefer Matsch – nur vor den Häusern gab es einen „vier Fuß breiten Steinweg aus Klinkern", in der Straßenmitte lag Schlamm.

Der Garten hinterm Haus diente dem „Eigenbedarf an Grünzeug, dort war auch der Abort und der Schweinestall.

Mein Großvater 8 Jan Cornelisz vor seinem Haus. Im Winter war hier so tiefer Schlamm, daß man alsbald beschloß, „zwei Querstege" anzulegen, damit man auf die andere Straßenseite gelangen konnte.

Man war verpflichtet, samstags den Gehweg sauberzuschrubben.

Der Chirurg und Aderlasser, Herr Adriaan Blinckvliet, trug dann die zwei Schalen voll Blut ins Haus, die während der Woche als Reklame vor der Tür standen.

So ausgerüstet mußte er 1625 den Kampf gegen den „schwarzen Tod" aufnehmen. Dennoch starben die Leute haufenweise an der Pest.

Die Leichen wurden morgens einfach vor die Tür gelegt.

Welle Jans, der als Armenhäusler allerlei Gelegenheitsarbeiten im Dorf machen mußte,

grub den ganzen Tag lang nur noch Gräber, bis er selber umfiel...

Aderlassen und nochmals Aderlassen. Und außerdem tat Chirurgus Blinckvliet, was er konnte. Das war nicht viel: den Puls fühlen, Pisse angucken und sich wichtig machen.

Für Pastor Boom kam

„Gottes gerechte und wohlverdiente Strafe über dieses Dorf Colijnsplaat und die gesamte Insel"

nicht unerwartet.

„Saufen und Schwelgen und übel Reden, unzüchtige Possen und ungehörige Festmähler am Tage des HERRN."

Und er hielt eine Strafpredigt!

Schiffer Eelleboo

Mitten in seiner Donnerpredigt rennt Barbel zur Kanzel vor und ruft laut, daß er – Pastor Boom – selber

„Unzucht habe gesucht und gepflegt an ihrer Person".

Obwohl er in seiner Predigt niemanden beim Namen nannte, war es doch allen klar, daß der Pastor Barbel Thonis und ihre schlampige Tochter Neelken dabei im Auge hatte...

Ihr „ärgerliches Betragen" und der Mord, der darauf folgte, waren schon seit einiger Zeit der Gesprächsstoff der Gemeinde.

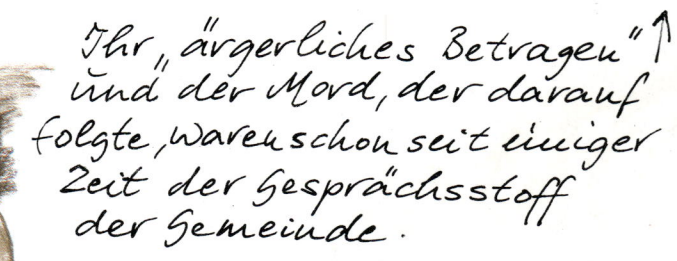

Eelleboo, Neelkens Mann, hatte auf der Wache einen seiner Spießgesellen mit einem „Stich ins Herz" ermordet, als dieser im Suff behauptet hatte, Eelleboos Frau führe sich wie eine Hure auf, sobald ihr Mann auf See sei.

An solchen Dingen fanden
die Leute Vergnügen!

Darüber wird die Familie
wohl lange genüßlich
getratscht haben:

Barbel, die von
den Presbytern
aus der Kirche
gewiesen wurde!

Es gab noch andere interessante
Dinge zu ihrer Zeit – die Ent-
hauptung des Ratspensionärs
Oldenbarneveldt (1619), das Ende
des 12-jährigen Waffenstillstands und
die listige Flucht von Hugo Grotius (1621).
Aber das alles war nichts gegen Barbel!

Die Zeit von Jan Cornelisz Poortvliet war
auch die Zeit von d'Artagnan und den
3 Musketieren.
Doch falls sie ihnen zufällig begegnet
wären, hätten Sie sofort gewußt, mit wem Sie
es zu tun haben...
Denn Jan gehörte zu den armen Leuten, dem
Sandvolk, den Tagelöhnern, Landarbeitern und
Deicharbeitern, und die führten kein
so lustiges Leben.

So sei allzeit
Dein Tageslauf:
Um sechs steh auf
Und iß um zehn,
Das tut dir wohl.
Um sechs dann wieder
Legs Messer nieder.
Schlaf ein um zehn,
Das tut dir wohl.
  (Jacob Cats)

Die meisten Männer in Colijnsplaat arbeiteten auf den Feldern.

Etwa zwanzig waren Fischer.

Es gab zwei Bäcker.
← Herman Geertsz

Theunken Baerentsz Decker, Fleischhauer und Dachdecker

Dick Lodewijksz, der Stellmacher.

Jan Hubrechtsz Houte, der Schmied.

Und drei Zimmerleute

Er hat besiegt die Silberfloooootte!

Im Jahre 1628 hauten die Bewunderer von Piet Hein (Friedrich Heinrich, Prinz von Oranien) ordentlich auf den Putz! Im Jahr darauf heirateten Jan Cornelisz Poortvliet und Neelken da wurde wieder tüchtig getanzt!

Anno 1637.
Den 4. Ianuarij

Sijn aengecomen met belijdenisse des geloofs
tot deses Gemeijnte.

Gillis Gedertsz, J.M. Soud van Nodt Alwillenschmidt.

Jan Bermadts, J.M. van Wingen in Vlaenderen, t'Huis
liggende bij Jacob Gillisz van Orisand.

Theunis Barendsz, woonende achter de kercke in het
huis van Hendrick de Vriese.

Overleden den   Jan Cornelisz poortblindt, woonende in de Oostachterstraet.
7. Decemb. 1650.

Adriaen, ihr erstes Kind,
wird am 13. Okt. 1630 getauft.

Der Taufzettel meines Opas,
er wurde am 19. Juni 1650 getauft.
Ein halbes Jahr später, am 7.12.1650,
stirbt Jan Cornelisz.

Die Taufzeugen

Meinen Großvater [9]
Cornelis Adriaensz poortvliedt

treffe ich zu Beginn des „Goldenen Jahrhunderts" in einer Rotte schmutziger Kerle: den Deicharbeitern von Colijnsplaat.

Es waren rauhe Burschen, die von überallher zur Arbeit gekommen waren, wie Fliegen auf den Sirup. Für 12 Stüiver pro Tag. Keine leichte Arbeit. Aber:

„Wer sich nicht plagt, soll auch nicht essen."

sagte Vater Cats, der nicht weit von Colijnsplaat, in Middelburgh, ein Anwaltsbüro betrieb.

Nein, wer dort nichts zu suchen hatte, blieb besser aus dem Weg!
 Wenn der Deichgraf alle 14 Tage seine Inspektionsrunde machte, mußte das Arbeitervolk ihm mindestens zehn Schritt vom Leibe bleiben.

Bei der Arbeit durften sie keine Messer oder Dolche tragen.

Von Zeit zu Zeit fand in den Katen, in denen die Deicharbeiter wohnten, eine Hausdurchsuchung nach Waffen statt.

Es wurde tüchtig getrunken, und beim geringsten Anlaß konnte eine Schlägerei ausbrechen...

Anno 1610
haben sich zur Gemeinde begeben die nachfolgenden Personen
am 10ten April Cornelis Adriaensz Poortvliet, Matheus Jaspersz
und Grietken Pieterse Eliasz.

Hugo de Groot

Jan Pieters Sweelinck

Peter Paul Rubens

Spinola

Joost van den Vondel

Jacob Cats

Johan van Oldenbarneveld

Zeitgenossen meines Großvaters Cornelis. Wenn sie gewollt hätten, hätten sie an jenem 10. April 1610 dabeisein können.

Als die Eindeichung fertig war, sind einige von den Deicharbeitern in Colijnsplaat hängengeblieben —

(die sog. Weißrücken-Kuh)

Zeeländische Ziege

— Sie hatten die Gelegenheit wahrgenommen, auf einem der neuerbauten Höfe eine feste Anstellung zu finden.

So wird es auch Cornelis ergangen sein.

28.6.1620

Nach der Arbeit ging er wohl ab und zu in die Schenke, davon gab es vier...

Der Pastor, Herr Boudewijn wird beauftragt, Corn. Adriaansz van Poortvliet zu ermahnen und ihm zu sagen, da er nicht zur Kirchenversammlung gekommen, daß man ihm wegen seine Trunkenheit die Teilnahme am Abendmahl untersagt

Mein Großvater Cornelis Adriaensz war ein durstiger Mann...

Aber nicht nur er allein – alle, Groß und Klein, tranken damals viel Bier; das Trinkwasser war oft ungenießbar und zudem knapp.

Und ehe man sich's versah, trank man doch einen zuviel...

Dieser Vincent Pietersz war entweder ein langweiliger Kerl oder ein Bruder, der die Aufsicht führte.

6-9-1620

Also einige Brüder waren verärgert durch die Person des Cornelis Adriaensz und beschlossen ihn daraufhin zu ermahnen, damit er sein Betragen bessere

7-2-1621

Also da Cornelis Adriaensse in seiner Trunkenheit fortfährt trotz seines gegebenen Versprechens, wird ihm das Abendmahl untersagt, bis daß er sich christlich verhält.

6-6-1621

Also da Vincent Pietersz den Cornelis Adriaensse auf Weelsteenshof volltrunken angetroffen, wird beschlossen, daß er darum dem Abendmahl fern bleiben soll, desgleichen seiner Ehefrau ein solches von der Prozession soll angesagt sein.

Die Handschrift von Pastor Rotarius, dem Nachfolger von Pastor Boom →

Der Streit mit Frans Wecksteen hat sich zu einer handfesten Schlägerei entwickelt.

Als Cornelis Adriaensz in zweiter Ehe Magdalena van Gelder heiratete, ging es bei der Hochzeitsfeier auch nicht ganz gesittet zu.

Es wurde von den Brüdern für gut befunden, Cornelis van Poortvliet vor den Kirchenvorstand zu laden und ihn zu bestrafen wegen seines ungebührlichen Betragens in einer gewissen Schenke gegenüber Frans Wecksteen, da er wieder Streit anfing über die Dinge, über die sie sich zuvor ausgesöhnt hatten und darum zum Abendmahl zugelassen wurden.

4.11.1635

Es wurde von den Brüdern für gut befunden, daß man bei der Prozession vor dem Abendmahl Jan van Asperen einmal ermahnen müsse wegen seines ungebührlichen Betragens auf der Hochzeit des Cornelis Adriaensz van Poortvliet.

7.2.1638

Jan van Asperen

op de Bruiloft van Poortvliet.

Jan van Asperen auf der Hochzeit von Poortvliet

Im Jahre 1639 vernichtet Maarten Harpertsz Tromp die spanische Armada! Herrlich!

Mit der Ehe von Magdalena und Cornelis stand es nicht zum besten – man schlage nur die Kirchenbücher auf...

Cornelis Adriaensz van Poortvliet und Magdalena Willems, seine Ehefrau, werden hiermit von den Brüdern angewiesen, für diese Zeit vom Abendmahl des Herrn fernzubleiben und zwar wegen einiger unlängst erfolgter Ärgernisse.

6.4.1641

Nachdem man erfahren hat, daß Cornelis Adriaensz van Poortvliet und Magdalena van Gelder, seine Ehefrau, nicht in ziemlicher Weise zusammen haushalten, sondern gesondert essen und trinken und getrennt schlafen, wurde beschlossen sie vorzuladen und beide deswegen zu ermahnen.

24.9.1645

*Consistorium gehouden
den 25. Martii Aº 1646.*

*Dewijle men van de huishoudinge van Cornelis Adriaensz
Poortvliedt met sijn huisvrouwe, ende van Mayken Jacobs met
haren man Lodewijck Hubrechtsz, schipper, oock noch geen beter-
schap en verneemt, soo is midts voor goedt gevonden deselve
voor alsnoch van het Avondtmael te houden.*

Derweilen man vom Haushalt des Cornelis Adriaensz Poortvliedt mit seiner Hausfrau, wie auch von Mayken Jacobs mit ihrem Mann Lodewyck Hubrechtsz Schipper keine Besserung vernimmt, so wird vorerst beschlossen, dieselben weiterhin vom Abendmahl auszuschließen.

25.3.1646

1646

war auch das Jahr, in dem Jan Claassen, eine Kaspertheaterfigur, geboren wurde, der zusammen mit Katrijn zu einem berühmten Paar wurde

*Consistorium gehouden
den 3. feb. Aº 1647.*

*Het is van de broeders voor goedt gevonden Cornelis Adriaensz
Poortvliedt aen te spreken over sijn drincken ende ergerlick menie-
re van doen op den dag van het voorgaende Avondtmael.*

Es wurde von den Brüdern für gut befunden, Cornelis Adriaensz Poortvliedt zu ermahnen wegen seines Trinkens und ärgerlichen Betragens am Tage des vorherigen Abendmahls.

3.2.1647

← Das könnte sich auf Ausschweifungen während der Kalten Kirmes beziehen (im Januar, es gab auch eine Warme Kirmes im Sommer).

...wieder nicht zugelassen...

Da bei einer Kirmes fast alle außer Rand und Band gerieten, hätte die Brüder eigentlich alle Leute wegen ungebührlichen Betragens ermahnen müssen!

Saufen, Schwelgen und Possenreißen

In der Nacht vor der Kirmes schliefen die Mädchen mit einem nassen Tuch um den Hals, damit sie auf dem Fest einen schönen Hals ohne Flohbisse hatten.

Zur Kirmes gehörte der Markt —
man konnte ein Pferd kaufen oder einen neuen
Sonntagshut, oder sich den hohlen Zahn
ziehen lassen,

und die Kopfbeschwerden einem
Fachmann überlassen.

Die Leute machten
große Augen!
"Was tut man
nicht alles
für Geld!"

Sie hatten ein halbes Jahr dafür
gespart und wollten alles
genießen,
was es zu genießen gab – die
Akrobaten, den Tanzbären, die
Zigeunerin, die die Zukunft
voraussagte,
das Tanzen und
Springen
bis zur Schlägerei,
mit der das Fest
todsicher endete –

(für den Messerkampf
benützten sie Messer
mit rundgeschliffener
Spitze).

Und zwischen Cornelis und Magdalena war auch nicht alles in bester Butter.

6.7.1647

Derweilen die Brüder wiederum erfahren haben, daß Cornelis Adriaensz Poortvliet und seine Ehefrau in Unfrieden miteinander leben und getrennt essen und schlafen, so haben sie es für gut befunden, dieselben zu ermahnen, um sie dieserart vom Abendmahl auszuschließen, damit sie kein Ärgernis geben.

29.3.1648

Die Brüder haben auf ihrem Gang durch das Dorf auch Beschwerden vernommen über die Weise, wie Cornelis Poortvliet mit seiner Frau den Haushalt führt.

3.4.1649

Sie haben auch vorgebracht, daß sie Cornelis Adriaensz Poortvliet mit seiner Ehefrau hätten bestraft wegen deren unchristlicher Haushaltsführung, und sie beide erneut von der Teilnahme am Hl. Abendmahl ausgeschlossen.

Demnach saß mein Großvater 9 öfter in der Schenke...
Dort konnte er über die gute alte Zeit reden oder interessante Neuigkeiten erfahren von den fremden Signeurs, die im Wirtshaus „Altes Horn" abstiegen.

Und dann die Geschichten der Seeleute, nach der Heimkehr von einer Reise... Wie sie mit ihrem Schiff der VOC, der Vereinigten Ostindischen Compagnie, nach Afrika segelten, um dort pechschwarze Heiden zu verladen! Von Jan Pietersz, Coen und Abel Tasman, von Skorbut, Kielholen, Seeräubern... Das waren vielleicht Geschichten!

Auch wenn wieder eine Kerbe auf seinem Stock hinzukam – Cornelisz Adriaensz trank noch einen auf Pump.

Cornelis wurde aber nicht nur von den Brüdern getadelt, sondern er bekam vom August 1647 bis zum August 1649 alle vierzehn Tage Geld von der Kirche!

Es waren seine letzten zwei Lebensjahre.

Am 20. August 1649 wurde mein Großvater 9 Cornelisz Adriaensz Poortvliet begraben.

Die Glocke wurde 2× ½ Stunde geläutet, das kostete 3 Schellinge.

Die Miete des großen schwarzen Bahrtuches betrug 3 Schellinge und 4 Groten

Mir kommt es vor, als sei mein Opa 9 ein netter Großvater gewesen.

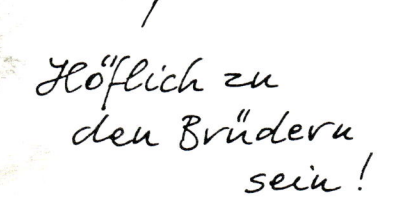

↑
Höflich zu den Brüdern sein!

Adriaen
poortbliedt

Mein Großvater [10], der um 1560 geboren wurde, hieß Adriaen. Das ist alles, was ich von ihm weiß, die Spur verläuft im Sande. Alle alten Papiere aus der Zeit vor 1600 sind 1940 bei einem Bombenangriff auf Middelburg verbrannt...

Vielleicht hat Adriaen im Dörfchen Poortvliet auf der Insel Tholen gewohnt, und vielleicht mußte er es im November 1570 verlassen, als die Allerheiligenflut so schrecklich wütete... Wer weiß.

Mein Großvater Adriaen hätte mir viel erzählen können über den Kampf der Wassergeusen gegen die Spanier, über den Herzog von Alba und Wilhelm von Oranien – und über die Befreiung der Stadt Leiden... das war seine Zeit.

Als dieses Buch fertig war (die Seiten waren voll), bin ich mal nach Zeeland gefahren. Ich habe mir im Dörfchen Poortvliet die alte reformierte Kirche von draußen und drinnen angesehen und heimlich ein bißchen auf der Orgel gespielt.

In Colijnsplaat bin ich von der Oostagterstraat (die jetzt Irenestraat heißt) zur Kirche spaziert, wie Cornelis und die Seinen das so oft getan haben. Alles war noch da: die Voorstraat mit der Schenke an der Ecke, "Das alte Horn," die jetzt „Das Rebhuhn" heißt, und die Kruisstraat...

Und auf dem Deich, auf dem Cornelis Adriaensz sich mit seiner Schubkarre abplagte, habe ich eine Pfeife geraucht und über das große Wasser geschaut.

Wie es meine Großväter sicherlich auch getan haben...

Poortvliet

240

Die holländische Originalausgabe erschien unter dem Titel
LANGS HET TUINPAD VAN MIJN VADEREN
im Verlag Uitgeversmaatschappij J. H. Kok, Kampen, Holland
© 1987 Uitgeversmaatschappij J. H. Kok BV – Kampen

Übertragen aus dem Holländischen von
Maria Csollány

CIP-Kurztitelaufnahme der Deutschen Bibliothek
Poortvliet, Rien:
Auf den Spuren meiner Väter / Rien Poortvliet. [Übertr. aus d.
Holländ. von Maria Csollány]. – Hamburg : Parey, 1988
　Einheitssacht.: Langs het tuinpad van mijn vaderen <dt.>
　ISBN 3-490-43811-6

Alle Rechte der deutschen Ausgabe, auch die des Nachdruckes,
der Entnahme von Abbildungen sowie jeder Art der photo-
mechanischen Wiedergabe, auch auszugsweise, vorbehalten.
Für die deutsche Ausgabe © 1988 Verlag Paul Parey,
Hamburg und Berlin. Anschriften: Spitalerstraße 12,
2000 Hamburg 1; Lindenstraße 44–47, 1000 Berlin 61.
Lithographien: Fotolitho Boan BV, Utrecht. Druck und
Buchbinderei: Egedsa, Sabadell, Spanien. Handschrift-
gestaltung: Leonard Knapheide, Hamburg. Einbandgestaltung:
Jan Buchholz und Reni Hinsch, Hamburg.
DLB-27184-88
ISBN 3-490-43811-6

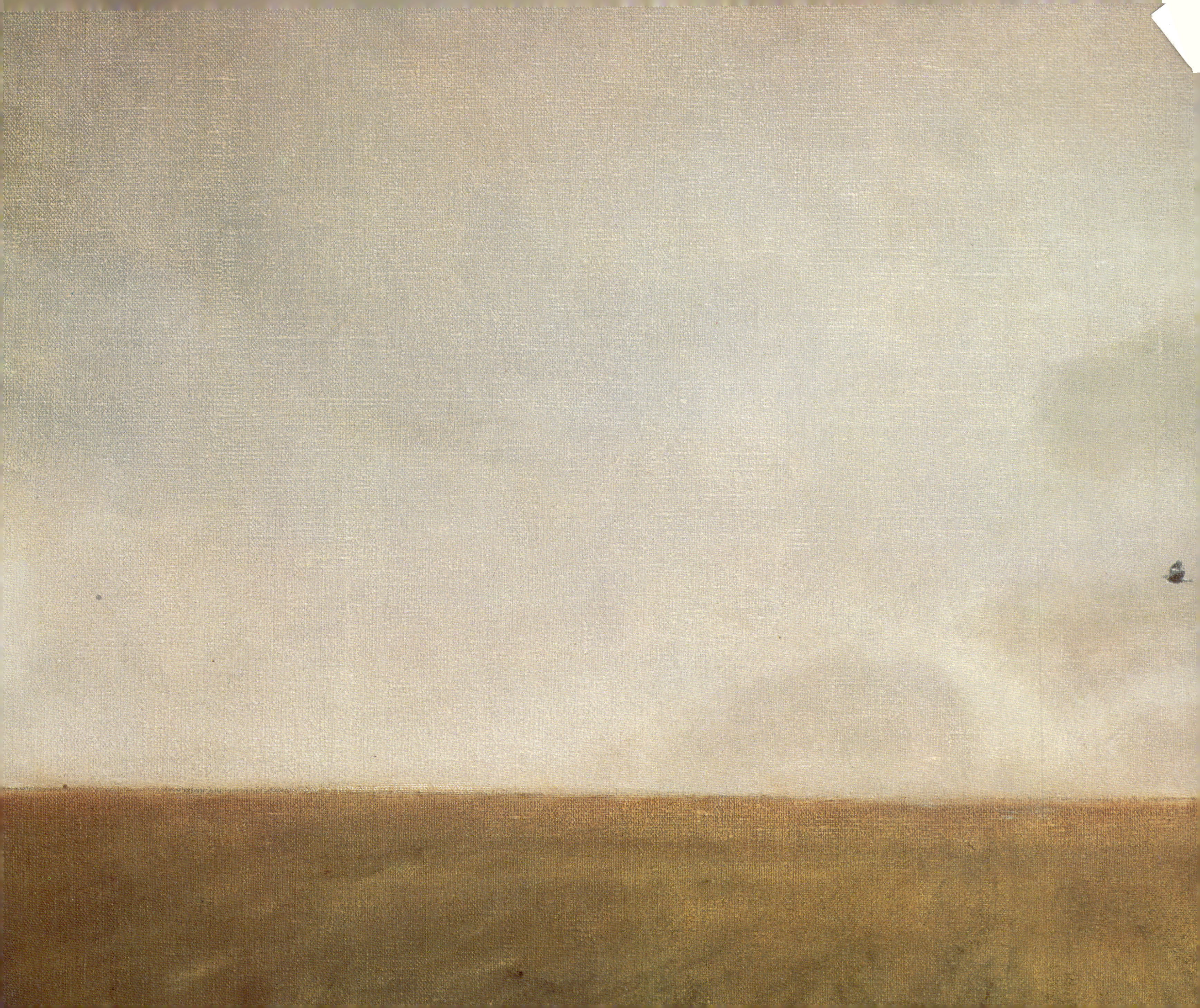